MARION LANDWEHR

Mit Kindern unterwegs

SCHWARZWALD SÜD UND MITTE

MARION LANDWEHR

Mit Kindern unterwegs

SCHWARZWALD SÜD UND MITTE

Die besten Ausflüge für die ganze Familie

Silberburg-Verlag

Die gebürtige Kurpfälzerin **Marion Landwehr,** Jahrgang 1970, ist Diplom-Journalistin und freiberufliche Buchautorin im Freizeit- und Reisebereich. Im Mittelpunkt ihrer Arbeit stehen familiengerechte Ausflüge und Reisen, neben Auslandszielen ist es besonders die Region um Karlsruhe, wo sie mit ihrer Familie lebt. Die Nähe zum Schwarzwald hat zahlreiche Familienurlaube ermöglicht, sodass die beiden Kinder, jetzt 12 und 14 Jahre alt, alle Recherche-Touren begleitet haben und Kritiker der ausgewählten Ziele und Erlebnisse sind.

Umschlagfoto: Unterwegs im Südschwarzwald.
Foto Seite 2/3: Familienparadies Schwarzwald.

1. Auflage 2014

Umschlaggestaltung:
Christoph Wöhler, Tübingen, unter Verwendung einer Fotografie von Marion Landwehr.
Illustrationen: Ann-Kathrin Busse, Pfinztal.
Lektorat: Werner Brenner, Rottenburg am Neckar.
Druck: Grammlich, Pliezhausen.
Printed in Germany.

PEFC
PEFC/04-31-0878

Gedruckt auf zertifiziertem Papier: Förderung nachhaltiger Waldbewirtschaftung – nähere Informationen unter: www.pefc.org

ISBN 978-3-8425-1307-5

Inhalt

Vorwort

Es ist ein Gebirge, also ist es bergig. Es ist aber auch ein riesengroßes Nadelwald-Gebiet, also ist es waldig. Es ist schneesicher mit Skihängen und Rodelbahnen und nicht minder sommertauglich mit Höhlen, Schluchten und Bergbahnen, Natur-Badeseen und Wildtierparks. Der Schwarzwald ist an Vielseitigkeit kaum zu übertreffen. So abwechslungsreich die Natur des Mittelgebirges im Südwesten Deutschlands ist, so vielfältig sind die Aktivitäten. Sowohl der Tagesausflug als auch ein Wochenendtrip machen den Schwarzwald als Ziel lohnenswert und das zu jeder Jahreszeit. Aber auch ein längerer Urlaubsaufenthalt bietet mehr Programm, als man in zwei Wochen bewältigen kann.

Der Schwarzwald ist ein Paradies für die ganze Familie. Während die Erwachsenen die gute Luft und die herrliche Natur genießen, erforschen die Kinder die Naturlehrpfade, Bergwerke und Freizeitparks. Museen mit ganz besonderen Schwerpunkten und hochwertig ausgestattete Naturschutzzentren bieten Alternativen für Schlechtwettertage. Der Schwarzwald ist viel mehr als Bollenhut, Kuckucks-

Im Schwarzwald ist für Kinder und Jugendliche immer was dabei.

Für die tollen Touren schnüren die Kids gerne die Wanderschuhe!

uhr und Kirschtorte. Warum also in die Ferne schweifen, wenn das Gute liegt so nah?

Wenn in diesem Familienreiseführer die Rede vom Schwarzwald ist, sind die **Mitte** und der **Süden** gemeint. Den gesamten Schwarzwald mit dem Norden in einem Buch vorzustellen, ist unmöglich, da jeder Bereich für sich mit den vielfältigen Zielen eine eigene Reise wert ist. Im Südschwarzwald kann man ganz andere Schwerpunkte setzen, als im Mittleren oder Nördlichen Schwarzwald.

In diesem Band wird der komplette Süden **zwischen Freiburg und Donaueschingen** vorgestellt, übergehend in den **Hochschwarzwald** nördlich von Freiburg, der vom **Verlauf der Kinzig** zwischen Offenburg und Schiltach begrenzt wird. In einem weiteren Band wird der Nördliche Schwarzwald sowie der mittlere Bereich bis wiederum zum Kinzigverlauf vorgestellt; in beiden Bänden gibt es eine kleine Schnittmenge aus den attraktivsten Zielen des Mittleren Schwarzwaldes.

Von Profis gecheckt

Wer kann den Reiz eines Urlaubsgebietes besser beurteilen als die Zielgruppe selbst? Meine Kinder waren schon von Kleinkindbeinen an regelmäßig im Schwarzwald, wo wir aufgrund der räumlichen Nähe mehrfach im Jahr viel Zeit verbracht haben – sei es als längere Aufenthalte oder als kurze Tages- oder Wochenendausflüge. Immer wieder gibt es Neues und ganz anderes zu entdecken.

Das Resultat der jungen Testmannschaft ist: Es wird nie langweilig! Kaum eine andere Region vermag das zu bieten, was der Schwarzwald kann: jedes Familienmitglied gleichermaßen in seinen Bann zu ziehen.

Eine kleine Gebrauchsanleitung

Am Ende jeder geschilderten Unternehmung findet sich ein **Informationsteil** mit allen wichtigen Daten, die man für das jeweilige Ziel benötigt. Beachten Sie vor allem die **Öffnungszeiten**, damit es vor Ort keine Enttäuschungen gibt. Sind Feiertags- oder Ferienöffnungszeiten angegeben, beziehen sich diese immer auf Baden-Württemberg.

Bei den aufgeführten Zugverbindungen durch den Mittleren Schwarzwald wird beim Punkt »ÖPNV« mehrfach auf die **Schwarzwaldbahn** verwiesen, die von Offenburg bis Singen verkehrt.

Im Informationsteil finden sich auch die **Preise** für die Einrichtungen. Bei Kindern ist in Klammern die Altersspanne angegeben, für die der genannte Preis gilt. Jüngere Kinder zahlen prinzipiell nichts, ältere dagegen den Erwachsenenpreis, was nicht jedes Mal eigens vermerkt ist. Außerdem beziehen sich die Preise, wenn nicht anders angegeben, immer auf die **Hauptsaison**, also den Sommer beziehungsweise die Wintersport-Saison. Die Preise verstehen sich ohne Schwarzwald- oder Kurkarte!

Alle Aktivitäten sind mit **Internetadresse** aufgeführt. Wenn keine eigene Seite vorhanden ist, wird auf die entsprechende Tourist Information verwiesen, die immer gerne Auskunft gibt.

Nach dem Informationsteil findet man **Symbole**, die auf mögliche Besonderheiten der vorgestellten Aktivität hinweisen:

Dieser Tipp beinhaltet eine Wanderung; entsprechende Ausrüstung ist nötig.

Hier wird ein speziell auf Kindergeburtstage ausgerichtetes Arrangement angeboten.

Dieser Tipp führt Sie zu einem kostenlosen Ausflugsziel.

Dieser Tipp eignet sich auch besonders gut bei schlechtem Wetter und bezieht sich komplett auf den Innenbereich.

In Rubriken mit umfangreichem Angebot finden Sie am jeweiligen Kapitelende in Kurzform eine Zusammenfassung weiterer Ziele, jeweils mit Kontaktdaten und den wichtigsten Informationen versehen. Trotz dieser Abdeckung kann kein Anspruch auf Vollständigkeit erhoben werden – zu groß ist die Menge an lohnenswerten Aktivitäten. Dieses Buch versucht, die Highlights, Geheimtipps und interessantesten Ziele herauszupicken – ein urlaubsfüllendes Action-Programm ist damit garantiert!

Viel Spaß in dieser einzigartigen Region wünscht euch und Ihnen

Marion Landwehr

Tipps und Wissen

Eine Reise in den Schwarzwald bedeutet eine Reise in die Natur. Nicht nur Wanderwege auf den Höhen der im Süden dominierenden Berge Feldberg, Belchen und Schauinsland, sondern unendlich viele liebevoll gestaltete Naturerlebnispfade, tiefe Schluchten und tosende Wasserfälle stehen auf dem Programm, das Mutter Natur bereithält. Deshalb ist es sehr wichtig, die Kinder mit gut passenden, optimalerweise bereits eingelaufenen **Wanderschuhen** auszustatten. Manchmal geht es über Stock und Stein, manchmal sind die Wege weit, manchmal ist der Untergrund rutschig – in allen Fällen sind Wanderschuhe mit gutem Profil reinen Sportschuhen vorzuziehen.

Badesachen, Sonnenschutz und eine **Kopfbedeckung** sollten ebenso im Gepäck sein wie eine gute **Funktionsjacke**. Bedenken Sie, dass Sie sich in einer Höhenlage zwischen 400 und knapp 1500 m befinden – mit intensiver Sonneneinstrahlung auf den Berggipfeln und plötzlich umschwingendem Wetter oder Sommergewittern muss man rechnen.

Nicht nur für die Wanderungen, sondern um sich die ganze Region zu veranschaulichen, ist entsprechendes **Kartenmaterial** empfehlenswert. Die touristischen Anlaufstellen können hier weiterhelfen, man kann sich aber auch vorab mit einer Karte eindecken, beispielsweise mit der ganz aktuellen Kompass-Karte »Schwarzwald Süd« im Maßstab 1:50 000 für den Süden und »Schwarzwald Mittelblatt« im Maßstab 1:75 000 für die Mitte.

Tipps und Adressen

Der Schwarzwald ist vorbildlich mit einer touristischen Infrastruktur ausgestattet, die ihresgleichen sucht. In jedem noch so kleinen Ort findet man eine Tourist Information, deren Mitarbeiter mit Broschüren und fundierten Ortskenntnissen behilflich sind. Besonders herausragend ist die **Schwarzwald Tourismus GmbH**, die etliche über den gesamten Schwarzwald verteilte Informationszentren zusammenfasst. Alphabetisch findet man auf der Internetseite www.schwarzwald-tourismus.info die 260 zugehörigen Ferienorte aufgelistet und kann sich damit einen groben ersten Überblick verschaffen, wo man bevorzugt unterkommen möchte.

Speziell im Südschwarzwald ist die wichtigste Anlaufstelle für Urlauber die **Bergwelt Südschwarzwald** mit 18 Orten innerhalb des

Gebietes, in dem Feldberg, Belchen und Schauinsland im Sommer mit Wanderferien, Kinderferienprogramm und Bergbahnen locken und im Winter mit Rodelbahnen, Skiliften und familienfreundlichen Pisten. Im Internet findet man den Zusammenschluss unter www.bergwelt-suedschwarzwald.de, vor Ort in Form von Tourist Informationen im Feriengebiet.

Den Übergang in den Hochschwarzwald deckt zusätzlich die **Hochschwarzwald Tourismus GmbH** mit Sitz in Hinterzarten ab (www.hochschwarzwald.de). Bewegt man sich mehr Richtung Schwarzwald-Mitte, helfen die örtlichen Tourist Informationen weiter. Hier sollte man diejenigen in den zentral liegenden Ferienorten wie Haslach, Hausach, Wolfach, Gutach, Hornberg und Triberg ansteuern. Dort wird man auch über den jeweiligen Ort hinaus beraten.

Urlaub im Schwarzwald mit Kindern bedeutet eigentlich fast zwingend **Urlaub auf dem Bauernhof**. Nirgendwo sonst sind die Gastgeber so auf Familien mit Kindern ausgerichtet wie die landwirtschaftlichen Betriebe im Südlichen Schwarzwald: Brot backen, Traktor fahren und Kühe melken – es ist ein wunderbares Zusatzprogramm zu der Vielfalt, die der Schwarzwald ohnehin schon bietet. Meist eingebettet in die sanfte Natur und weit weg von Verkehrslärm und Autostraßen können die Kleinen unbeschwert herumtollen, während die Eltern die Beschaulichkeit im Liegestuhl genießen.

Unter den oben genannten Portalen finden sich jeweils eigene Rubriken für den Bauernhofurlaub. Eine spezifisch auf den Schwarzwald ausgerichtete Übersicht gibt es auf www.schwarzwald.de/urlaub-im-schwarzwald/urlaub-auf-dem-bauernhof. Ganz pauschal kann man sich unter www.bauernhofurlaub.de informieren und wählt dort das entsprechende Feriengebiet aus.

Aber auch **Pensionen, Gasthäuser** und **Hotels** heißen Kinder in angenehmer Art und Weise willkommen. Eine besondere Empfehlung für den Winterurlaub sind die mit dem **Ferienfuchs** ausgewiesenen Pauschalangebote verschiedener Gastgeber (➜ siehe Tipp 55), die man im Internet unter www.bergwelt-suedschwarzwald.de/de/winter/skispass.php findet. Kinderfreundliche Unterkünfte zeichnen sich meist aus durch einen Spielplatz, eine Tischtennisplatte, einen kleinen Außenpool im Sommer oder ein Hallenbad, kostenlose Übernachtung im Zimmer der Eltern und günstige Komplettangebote. Auch hier kann man bei den oben genannten Internetportalen fündig werden.

Bei der Wahl der Unterkunft sollte man darauf achten, dass eine der im Schwarzwald verbreiteten Gästekarten mit angeboten wird. Stark vertreten ist die **KONUS-Gästekarte**, die in über 130 Ferienorten gültig ist. Sie ist kostenlos und berechtigt zur freien Fahrt mit den öffentlichen Verkehrsmitteln der teilnehmenden Verkehrsverbünde. Informieren kann man sich über den Geltungsbereich der Karte unter www.schwarzwald-tourismus.info/Service/konus.

Über die reine Transportfunktion hinaus geht die recht neue **SchwarzwaldCard**. Das ist eine Vorteilskarte, mit der man an verschiedenen Attraktionen Ermäßigungen oder Pauschalangebote erhält. Bietet der Gastgeber Ihrer Wahl die Karte nicht mit dem Übernachtungspreis an, können Sie die SchwarzwaldCard bei fast allen Tourist Informationen oder den Ausflugszielen erwerben beziehungsweise sie auch online bestellen. Sie kostet für Kinder von vier bis elf Jahren 25 Euro und für Erwachsene 35 Euro. Eine Familie (zwei Erwachsene und drei Kinder bis maximal 17 Jahre) bezahlt 107 Euro. Weitere Informationen gibt es unter www.schwarzwald-tourismus.info/Service/SchwarzwaldCard, von wo aus man auch zur Online-Bestellung weitergeleitet wird.

Immer in der Übernachtung inklusive ist eine **Kurkarte**, für die man Kurtaxe entrichten muss. Ihr Preis differiert von Gemeinde zu Gemeinde, Kinder sind aber meist bis zum vollendeten 16. Lebensjahr befreit. Die Karte ermöglicht vielerorts vergünstigte Eintritte oder Teilnahme an Sonderaktionen.

Termine

Zwei Festzeiten ragen im Verlauf des Jahres im Schwarzwald heraus: Das ist einmal die närrische Zeit, in der sich alles um die **Schwäbisch-Alemannische Fastnacht** dreht. Abgegrenzt von den Karnevalsbräuchen im Rheinland dominieren hier die von großer Kunstfertigkeit zeugenden Masken bei den zahlreichen Umzügen. Von erschreckend echt wirkenden Teufelsfratzen bis zu runzeligen Hexengesichtern und von lustigen Narrenantlitzen bis zu bunten Schellenhanseln ist hier alles vertreten.

Das zweite Highlight im Jahr sind die stimmungsvollen **Weihnachtsmärkte**. Allein die zuverlässig weiße Kulisse inmitten der zauberhaften Bergwelt, dazu die festlich illuminierten Stände der kleineren und größeren Märkte bezaubern Menschen aller Altersklassen.

Abenteuer und Action

Der Europapark in Rust ist weit über die Landesgrenzen hinaus berühmt. Wer im Schwarzwald Urlaub macht, muss den Park besuchen. Das heißt aber nicht, dass damit das Action-Programm ausgeschöpft ist! Sommerrodelbahnen und Spaßparks, Seilbahnen und Adventure Golf, alles homogen vom Mittleren Schwarzwald bis in den Süden verteilt, halten die jungen Leute ebenfalls auf Trab.

Auf den Panoramaberg

Belchen-Seilbahn

Recht futuristisch sehen die gelben Gondeln aus, die den 1414 m hohen Gipfel des Belchen erschließen – das ist der Panoramaberg im Südschwarzwald, der als der schönste gilt. Durch seine Kuppelform mit dem baumfreien Gipfel bietet er eine unvergleichliche Rundumsicht in alle Himmelsrichtungen: Bei gutem Wetter und klarer Sicht blickt man auf der einen Seite bis zum Rhein und zu den Vogesen, auf der anderen bis zu den Gipfeln der Alpen.

Der Belchen ist der **vierthöchste Berg im Schwarzwald**. Da er sowohl im Sommer als auch im Winter zu Skisaison-Zeiten (➜ siehe Kapitel Winterfreuden) ein beliebtes Ausflugsziel ist, zieht der Belchen viele Besucher an. Zum Schutz der Umwelt wurde im Dezember 2001 die **Seilbahn** eröffnet, um den Berg vom Autoverkehr zu befreien (zuvor führte die Fahrstraße bis zum Gipfel des Belchen). Stattdessen geht es mit maximal acht Personen pro Gondel in den Expo-Skyliner-Kabinen »La Perla« den Berg hinauf. Dabei wird ein Höhenunterschied von 263 m überwunden.

Zu acht fährt man in den gelben Gondeln zum Gipfel.

Oben angelangt steht man in der Natur, wie sie ursprünglicher nicht sein könnte. Auch Kinder werden die Faszination spüren, die von diesem ungewöhnlichen Berggipfel ausgeht. Man sollte unbedingt auf einem der verschiedenen Wanderwege die friedvolle Stille und die unbeschreibliche Aussicht genießen.

Für nicht ganz so lauffreudige oder kleinere Kinder bietet sich dafür die **»Gipfelrunde«** an, die nur etwa 30 Minuten lang dauert und 1,2 km lang ist, rund um den Gipfel und vorbei am Gipfelkreuz führt und den Panoramablick in all seiner Macht beinhaltet. Eine weitere gut machbare Tour ist die **»Panoramarunde«**, die 5,3 km lang ist und vom Gasthaus an der Bergstation über den Belchengipfel bis zur »Stuhlsebene« geht und von dort aus zurück zur Talstation der Seilbahn.

Natürlich kann man den Belchen auch zu Fuß erklimmen und mit

Auf der »Gipfelrunde« erlebt man den ganzen Reiz des Belchen.

der Seilbahn zurückfahren – oder umgekehrt. Der Weg verläuft auf schönen Pfaden und ist nur knapp 2 km lang. Eine Wanderkarte am Gasthaus an der Bergstation zeigt die verschiedenen Wandermöglichkeiten und die Länge der jeweiligen Strecken.

Nach getaner Arbeit lädt die herrlich gelegene Terrasse des historischen »Belchenhauses« zu einem Vesper oder Kuchen inklusive Belchen-Alpen-Panorama ein.

Hinweis: *Zwischen Wieden und Belchen startet der Belchenerlebnisweg* **»Regenwurmpfad«**. *Der 2,5 km lange Weg informiert mit spielerischen Elementen und Stationen anhand der Geschichte zweier badischer Riesenregenwürmer über den Regenwurm und ist von Kindern für Kinder angelegt worden. Zwischendrin können sich die Kinder in einer Wasserspiellandschaft austoben. Der Erlebnisweg endet an der Talstation der Belchenbahn und ist so sehr schön mit einer Fahrt auf den Gipfel des Bergs kombinierbar. Informationen erteilt die Tourist Information Belchenland, Tel. (0 76 73) 91 81 30 oder www.belchenland.com.*

Lage: *Obermulten 5, 79677 Aitern (Talstation).*

Öffnungszeiten: *Täglich 9.15 bis 17 Uhr, verlängerte Zeiten bis 18 Uhr.*

Fahrpreise: *Berg- und Talfahrt: Kinder (6 bis 17 Jahre) € 5,20, Erwachsene € 7,20, Familienkarte (2 Erwachsene mit eigenen Kindern bis 17 Jahre) € 18,50.*

Anfahrt: *Von Staufen-Münstertal über die Passhöhe Wiedener Eck fahren und von dort der Beschilderung »Belchen-Seilbahn« folgen (einzige Zufahrt).*

ÖPNV: *Vom Bahnhof Münstertal mit dem Bus Linie 291 bis zur Talstation der Belchenbahn fahren.*

Kontakt: *Tel. (0 76 73) 88 82 80, www.belchen-seilbahn.de*

Spaß ohne Grenzen

Europapark Rust

Einen Urlaub im Schwarzwald zu verbringen – egal in welcher Ecke – ohne einen Besuch im Europapark, das kann man Kindern unmöglich antun. Es ist der größte Freizeitpark Deutschlands und was er an Attraktionen zu bieten hat, ist kaum zu übertrumpfen. Kinder aller Altersklassen werden nie wieder nach Hause gehen wollen. Sei es die Märchenbahn, die Floßfahrt, die Peter-Pan-Bahn oder eines der vielen weiteren Fahrgeschäfte für die Kleinsten oder eine der spektakulären Achterbahnen, von denen manche einen Rekord halten, für die größeren Kinder und Teenager – es ist unmöglich, den Europapark an einem Tag zu »schaffen«.

Der Park ist unterteilt in einzelne **Länderbereiche.** Gleich am Eingang kommt man passenderweise nach Deutschland, wo mit der »Silver Star« auch schon eine der berühmtesten Achterbahnen des Parks und damit das erste Highlight erreicht ist. Sie ist eine der größten und höchsten Achterbahnen der Welt. So tastet man sich weiter, ohne wirklich vorwärtszukommen und gelangt über Italien und die Schweiz, Griechenland, Russland und über die skandinavischen Länder bis nach Spanien am anderen Parkende.

Unterwegs auf dieser Reise durch Europa gibt es eine Geisterbahn, Zugfahrten mit Haltestelle Victoria Station in London, Fahrten in Boxautos im Design eines überdimensionalen Fußballschuhs oder eine Fahrt mit einer Schweizer Bobbahn. Neben all den Fahrgeschäften warten die verschiedensten Kinderwelten auf ihre Gäste. Ein riesengroßer Abenteuerspielplatz mit Röhrenrutschen, Wasserspielplätze, das Wikingerdorf oder der Indoorspielepark sind ebenfalls Hits für Kinder.

Bei so vielen Anziehungspunkten, zwischen denen man sich sowieso schon kaum entscheiden kann, sollte man unbedingt das Showprogramm nicht außer Acht lassen. Die **Eisshow** mit Artisten auf Kufen oder die **Magiershow** haben Weltklasse. Auch das **Kindermusical** oder die **Rittershow** in der Arena mit Reiterstunts sollte man sich nicht entgehen lassen.

Die Artisten aus den Shows sind bei der Parade mit von der Partie.

Dazwischen zieht immer wieder die Europapark-Parade durch den Park. Hier kann man die Artisten aus den verschiedenen Shows auf Stelzen oder kunstvoll geschmückten Wagen aus der Nähe betrachten. Star der Parade ist die **»Euromaus«**, das Maskottchen des Europaparks. Morgens und abends gibt es auf der Bühne im Eingangsbereich mit ihr und ihren plüschigen Freunden kleine Aufführungen.

Eine Attraktion für sich sind die **Resort-Hotels** des Parks, alle im besonderen Stil – beispielsweise in Kolosseum-Optik oder als Leuchtturm wie das neueste Hotel »Bell Rock«, bei dem die Kinder in Segelbooten schlafen können. Wer an einem Tag nicht alles geschafft hat (was wahrscheinlich ist), kann am nächsten Tag gleich weitermachen und darf vor allem vor den anderen Besuchern wieder in den Park. Wer im Park übernachten will, sollte sich vorab auf der Homepage mit den verschiedenen Package-Preisen vertraut machen.

Auch im Winter ist der Europapark einen Besuch wert. Dann leuchtet alles im weihnachtlichen Glanz und strahlt eine herrliche Stimmung aus.

Hinweis: *Wenn man nach Parkeintritt den Park »von hinten«*

In kreiselnden Gondeln windet sich die »Euro-Mir« um Türme.

aufrollt, kann man die entlegeneren Achterbahnen noch ohne langes Anstehen genießen. Dazu setzt man sich am besten in die Hochbahn, die über dem Eingangsbereich ihren Bahnhof hat, und fährt bis in den Länderbereich Spanien. Von dort aus wendet man sich wieder Richtung Haupteingang und nimmt unterwegs mit Hilfe des Parkplans möglichst viele attraktive Bahnen mit.

- **Lage:** *Europaparkstraße 2, 77977 Rust.*
- **Öffnungszeiten:** *Sommer: Osterferien bis Herbstferien täglich 9 bis 18 Uhr (während der Hauptsaison gegebenenfalls auch länger). Winter: Ende November bis Anfang Januar täglich (außer 24. und 25. Dezember) 11 bis 19 Uhr.*
- **Eintrittspreise:** *Kinder (4 bis 11 Jahre) € 36, Erwachsene € 41 (im Winter reduzierte Preise).*
- **Anfahrt:** *Von der A 5 Richtung Karlsruhe oder Basel die Ausfahrt 57b Rust nehmen. Der Europapark ist gut ausgeschildert.*
- **ÖPNV:** *Aus Richtung Freiburg mit dem Regionalzug bis Ringsheim und von dort mit dem Shuttlebus bis zum Europapark. Von Offenburg Bahnhof mit dem Zug bis Orschweier Bahnhof und dann mit dem Bus 113 bis Rust Rathaus. Von dort 10 Minuten Fußweg.*
- **Kontakt:** *Tel. (0 78 22) 77 66 88, www.europapark.de*

Seilbahnfahren mit Kuh Resi

Feldbergbahn

Die Bahn ist wandelbar: Wer im Sommer hier ist, findet eine Seilbahn mit achtsitzigen Gondeln vor. Im Winter wundert man sich dann, wo die Gondeln wohl geblieben sind. Dann stehen die Kabinen in der Garage und werden durch Sechser-Sesselbahnen ersetzt. Alles am Feldberg ist dann auf Skibetrieb ausgelegt (➜ siehe Tipp 57). Der höchste Gipfel des Schwarzwalds ist fast 1500 m hoch – wer noch höher hinaus will, kann den **Feldbergturm** am **Seebuck-Gipfel** besteigen. Dann ist der Blick noch atemberaubender, die Vogesen in Frankreich und die Alpen in der Schweiz wirken noch imposanter.

Die Bahn selbst ist 900 m lang, überwindet aber nur eine Höhendifferenz von 175 m. 15 Kabinen sind im Einsatz, um im Sommer Gäste auf den Gipfel zu bringen. Oben kommt man dann an einer Art Ufo an, das über den Hang ragt – ein abenteuerlicher Anblick. Von der Bergstation sind es nur wenige Schritte in die eine Richtung zum **Bismarckdenkmal**, einem Steinmonument am Gipfel, und in die andere Richtung zum Feldbergturm. Dort kann man per Lift zur Aussichtsplattform fahren und das Bergpanorama aus weiteren 45 m Höhe bewundern. Bei gutem Wetter kann man bis zur Zugspitze und dem Mont-Blanc-Massiv sehen.

Ganz neu innerhalb des Turms im ersten Obergeschoss ist das im Juli 2013 eröffnete **Schwarzwälder Schinkenmuseum**. Darin wird ein kleiner Einblick in die Räucherküche gewährt. Originaltöpfe und Kellen sind Werkzeuge, die von 300 Jahren Schinkenproduktion zeugen. Besonders gemein sind die Schnupperstationen, an denen man die verschiedenen Schinkengewürze erschnüffeln kann – das macht Appetit! Der Turm ist von Juli bis 3. November täglich von 9 bis 17 Uhr geöffnet.

Wer genug Schinkenduft geschnuppert hat, kann zwischen zahlreichen Wanderungen wählen, die rund um den Gipfel führen. Eine der schönsten Touren führt von der Bergstation über den Raimartihof mit Einkehrmöglichkeit und schönem Spielplatz bis zum **Feldsee**. Er

Das Bismarckdenkmal ist das Wahrzeichen des Feldbergs.

Wichtel Anton Auerhahn lädt auf seinen Erlebnispfad ein.

steht unter Naturschutz, man darf hier nicht baden, dafür liegt er aber sehr urwüchsig und verwunschen in einer Senke.

Durch einen naturbelassenen Bergwald geht der Weg zurück zur Talstation, man hat sich also die Rückfahrt mit der Seilbahn »gespart«. Ein besonderer Tipp ist der Erlebnisweg **»Wichtelpfad« im Auerhahnwald**, auf dem die Kinder den Auerhahn Anton suchen müssen, um ihm einen Brief zu übergeben. Vorbei geht es dabei an Wichtelhäusern, einer Wichtelapotheke und Violetta Waldfee. Von einem Hochsitz aus kann man sich einen Überblick von oben verschaffen. Der Pfad ist 1,8 km lang und startet in Feldberg-Ort zwischen dem Hotel »Feldberger Hof« und dem Café Waldvogel. Unter www.wichtelpfad.info findet man Informationen.

Hinweis: *Liebe Kinder, kennt ihr schon Resi, das plüschige Maskottchen der Feldbergbahn? Es ist eine Kuh, ausgerüstet mit Wanderschuhen und Wanderrucksack. Sie ist eine lebensgroße Kuschelkuh, die in der speziellen Kinderkabine* **»Resi-Gondel«** *mit euch zum Gipfel pendelt. Außerdem trefft ihr in Form eines Wanderpasses auf Resi. An allen Hütten rund um den Feldberg könnt ihr Stempel sammeln und den vollgestempelten Wanderpass an der Talstation der Feldbergbahn abgeben. Mindestens zwei Stempel sollten auf jeden Fall im Pass sein, dann gibt es eine kleine Überraschung!*

Lage: *Dr.-Pilet-Spur 17, 79868 Feldberg.*

Öffnungszeiten: *Juli bis September täglich 9 bis 16.30 Uhr (saisonal abweichende Öffnungszeiten).*

Fahrpreise: *Berg- und Talfahrt: Kinder (6 bis 15 Jahre) € 6,60, Erwachsene € 9,50, Familienkarte (2 Erwachsene und 1 Kind) € 23,90 (jedes weitere Kind dann € 5,90), jeweils inklusive Eintritt Feldbergturm.*

Anfahrt: *Von der B 31 zwischen Freiburg und Titisee zweigt die B 17 Richtung Basel ab. Dieser bis Feldberg folgen. Vor dem Ort geht es rechts ab.*

ÖPNV: *Mit der Regionalbahn von Freiburg ohne Umsteigen bis Bahnhof Bärental. Dann mit dem Bus zum Feldberg. Von den Bahnhöfen Titisee und Bärental und von Todtnau aus fährt der Südbadenbus nach Feldberg (Haltestelle »Feldberger Hof«).*

Kontakt: *Tel. (0 76 76) 9 40 91 10, www.feldbergbahn.de*

Wie in der Achterbahn

Sommerrodelbahn Gutach

In Serpentinen geht es rasant bergab, wirbelnd durch Kreisel und Spiralen, die nur auf Stelzen stehen, und hinweg über kleine Bodenwellen – und das mit spektakulärem Blick über das **Gutachtal**, in das man mitten hineinzubrausen scheint. Zuerst wird man mit einem **Liftsystem** 300 m weit nach oben gezogen. Dabei sitzt man schon in seinem Bob, oben wird man ausgeklinkt und hui – los geht die Abfahrt!

Anders als andere Bahnen fahren diese Bobs auf Rollen, was der Geschwindigkeit sehr zuträglich ist. Natürlich befinden sich seitlich und unterhalb der Bahn auch Rollen, sodass die Fahrt zu keiner Zeit gefährlich wird. Der Aufbau gleicht vielmehr dem einer Achterbahn. Auf den Schienen geht es je nach eigenem Mut entsprechend schnell abwärts; indem man den Bremshebel nach vorne drückt, drosselt man das Tempo. An manchen Stellen der Bahn sind Hinweistafeln angebracht, dass man bremsen soll. Dies sollte man auch befolgen, denn man kann hier tatsächlich ein Tempo draufbekommen, dass einem buchstäblich Hören und Sehen vergeht! Und auf Kurven und kleine, ungefährliche Bodenwellen sollte man unbedingt reagieren können.

Die Abfahrt ist über 1 km lang. Kinder dürfen ab drei Jahren auf zweisitzigen Schlitten zusammen mit einer Begleitperson ab acht Jah-

Bremshebel lösen und los geht die rasante Abfahrt!

Per Lift wird man entlang der Rodelbahn bergauf gezogen.

ren losrodeln. Ab acht Jahren darf sich dann jeder alleine auf die Rennstrecke begeben. Und das Beste ist: Schnee ist für dieses Vergnügen nicht nötig. Die Rodelbahn ist ein Ganzjahreserlebnis, allerdings sind die Betriebszeiten über den Winter eingeschränkt. Wer in dieser Zeit einen Besuch plant, sollte sich vorab im Internet informieren, ob die Bahn geöffnet hat. Dies ist an einem Ampelsystem auf der Startseite der Homepage auf einen Blick erkennbar. Ansonsten trübt auch leichter Regen das Fahrvergnügen nicht. Dann bekommen die Bobs einfach eine Regenhaube über und es kann losgehen. Der Vorteil: An solchen Tagen ist nicht viel los. Bei schönem Wetter dagegen ist der Andrang an Gutachs Rodelbahn sehr groß. Dann muss man längere Wartezeiten einkalkulieren.

- **Hinweis:** *Der Barfußpfad »Park mit allen Sinnen« liegt nur wenige hundert Meter entfernt (➜ siehe Tipp 17).*
- **Lage:** *Singersbach 1a, 77793 Gutach.*
- **Öffnungszeiten:** *März bis Anfang November (bei passendem Wetter) täglich von 9 bis 18 Uhr; November bis Februar nach Wetterlage.*
- **Fahrpreise:** *Kinder (3 bis 14 Jahre) € 2, Erwachsene € 2,50.*
- **Anfahrt:** *Die Bahn liegt direkt an der B 33 zwischen Hausach und Gutach (Schwarzwaldbahn) Richtung Hornberg (rechter Hand).*
- **ÖPNV:** *Ab den Bahnhöfen Hausach oder Hornberg mit dem Bus Linie 7150 nach Gutach fahren; die nächstgelegene Haltestelle heißt »Vogtsbauernhof«.*
- **Kontakt:** *Tel. (0 78 31) 96 55 80, www.sommerrodelbahn-gutach.de*

Hier sind die Kleinsten König

Freizeitpark Hardt

Das Angebot ist recht bunt gemischt in diesem Freizeitpark im Herzen des Schwarzwaldes im Landkreis Rottweil, der sich an die ganz jungen Gäste richtet. Da sind einmal das Riesenrad für Minis, die Parkeisenbahn, eine Hüpfburg und Trampoline. Dann gibt es aber auch zwei **Modelleisenbahnen**, wovon eine das Thema Schweiz als Motto hat. Moderne und antike Züge rattern hier vom Matterhorn bis zum Brusio Viadukt, einer kreisförmigen Brücke für die Eisenbahn. Detailgetreu stellt die etwa 150 Quadratmeter große Modellbahn die Schweizer Bergwelt dar. Bei der kleineren Modellbahn drehen auf 32 Quadratmetern die Züge ihre Runden.

Als nächstes geht es in die Welt der Tiere. Etwa **200 präparierte Tiere** sind zu betrachten, vom Fuchs über den Wolf bis zum Uhu. Diesmal sind es die Tiere des Schwarzwaldes, die man als täuschend echte Nachbildungen zu sehen bekommt. Und was ist das? Eine Weihnachtskrippe mitten im Sommer? Das ganze Jahr über werden diverse Krippen ausgestellt.

Fahrgeschäfte für die Jüngsten – hier ein Riesenrad in Miniformat.

Auch ein Besuch bei Ziege & Co. ist möglich im Freizeitpark.

Die Figuren wurden aus den verschiedensten Materialien gefertigt.

Schließlich gibt es einen letzten Themenbereich, der auch etwas ältere Kinder anspricht. Da ist zum einen eine **Minigolfanlage**, das kennt man ja und das findet auch die ganze Familie immer wieder toll. Etwas ganz Besonderes jedoch ist **Bahnenfußball**. An elf Bahnen kann man seine Talente als Fußballprofi und Minigolfstar bündeln und den Ball passgenau im Tor versenken. Ob die Eltern da eine Chance haben?

Vielleicht eher beim **Pit-Pat**. Das ist auch eine Art Minigolf, wird aber auf Tischen gespielt. Mit einem Queue, wie man ihn vom Billard kennt, muss der Ball geschickt um Hindernisse herum eingelocht werden. Das ist richtig schwierig! Das Spiel an den Bahnanlagen ist im Eintrittspreis inbegriffen und abends über die Öffnungszeiten des Freizeitparks hinaus möglich. Man kann hier auch spielen, ohne den Eintritt in den Park zu entrichten. Dann bezahlt man nur die Einzelpreise der verschiedenen Bahnen (gilt auch für die HO-Modellbahn).

Der Freizeitpark Hardt ist einer der kleinen, gemütlichen Sorte jenseits vom Trubel eines großen Erlebnisparks. Er richtet sich eher an das ganz junge Publikum bis etwa zehn Jahre. Ein Imbiss-Stüble mit Gartenterrasse sorgt für das leibliche Wohl.

- **Lage:** *Pfarrer-Langenbacher-Straße 22, 78739 Hardt.*
- **Öffnungszeiten:** *Dienstag bis Sonntag 10 bis 18 Uhr.*
- **Eintrittspreise:** *Kinder (6 bis 14 Jahre) € 4,50, Erwachsene € 8 (ab 60 Jahre € 7).*
- **Anfahrt:** *Im Ort Hardt an der Kreuzung rechts Richtung Sulgen fahren und nach ca. 300 m wieder rechts zum Freizeitpark Hardt.*
- **ÖPNV:** *Zwischen Rottweil und Schiltach verkehrt der Bus 7478. Aus beiden Richtungen in Sulgen an der Haltestelle »Gasthaus Rose« in den Bus Linie 56 Richtung Tennenbronn Dorfplatz umsteigen und bis Hardt Dorfmitte fahren.*
- **Kontakt:** *Tel. (0 74 22) 37 25, www.freizeitpark-hardt.de*

Fahr- und Spielspaß

Freizeitpark Funny World, Kappel

Der Park liegt in direkter Nachbarschaft zum berühmten Europapark (➜ siehe Tipp 2), steht aber dennoch nicht in dessen Schatten. Vor allem für kleinere Kinder ist der beschauliche Park eine Alternative zu dem etwas südlicher gelegenen Giganten. Spaß werden hier alle Kinder von zwei bis etwa zwölf Jahren haben, danach sind sie dem Park jedoch »entwachsen«. Der Park ist im mexikanischen Stil gehalten und auch viele seiner Attraktionen lehnen sich an Mexiko an, wie z. B. der »Flying Sombrero«, ein Top-Spin ohne Überschlag zum Selbststeuern. Liebevoll ist die Anlage mit der passenden Deko versehen, sodass das Parkmotto sehr ansprechend gestaltet ist.

Natürlich gibt es in Funny World jede Menge **Fahrgeschäfte** – der Park trägt seinen Namen schließlich zu Recht. Es gibt eine Kindereisenbahn, Kinderkettenflieger, eine Schiffschaukel und eine verrückte Postkutschenfahrt. Tretboote, eine rasante Wasserrutsche, der »Big MoutainSplash« und **Wasserspaß** rund um das Piratenschiff sorgen für Vergnügen an warmen Sommertagen. Auch sonst wird das Thema Pirat großgeschrieben – mehr soll aber an dieser Stelle nicht verraten werden.

Der Kleinkindspielplatz im Innenbereich passt sich dem Wetter

Einen Überblick verschaffen sich Passagiere in der Parkeisenbahn.

Munter drunter und drüber geht's im mexikanischen Stil.

an – hier können die Jüngsten toben, wenn es mal regnet. Ein zweiter **Indoor-Bereich** mit Bällebad, Hüpfburg und Trampolinanlage ist vorhanden. Etwas ältere Kinder tollen auf dem **Abenteuerspielplatz**, wo geklettert, gerutscht und über Hängebrücken balanciert wird. Auf den Fahrgeschäften dürfen die Eltern die Kleinsten begleiten.

Daneben wird **Kinderzirkus** angeboten, es gibt eine Goldgräbermine, man kann in einem **Streichelgehege** Freundschaft mit Ziegen schließen und schließlich erschöpft im mexikanischen Restaurant »El Torro« speisen. Wer sich selbst versorgen möchte, kann das mitgebrachte Essen an einem der vielen Picknickplätze verzehren.

Dem Park angeschlossen, aber nicht im Eintrittspreis enthalten, ist eine **Minigolfanlage** im afrikanischen Stil. Von den Tieren Afrikas beobachtet messen sich Groß und Klein beim Golfen. Ein Spiel kostet für Kinder bis 14 Jahre 2,50 Euro und für Erwachsene drei Euro. Minigolf kann auch ohne Parkbesuch gespielt werden.

- **Lage:** *Allmendstraße 1, 77966 Kappel-Grafenhausen (Kappel).*
- **Öffnungszeiten:** *Ende März bis Ende Juli täglich 11 bis 18 Uhr, Wochenende und Feiertage 10 bis 18 Uhr; während der Sommerferien täglich 10 bis 18 Uhr; nach den Ferien bis Mitte Oktober nur Wochenende 11 bis 18 Uhr.*
- **Eintrittspreise:** *Kinder (3 bis 8 Jahre) € 8,50, Erwachsene € 9,50 (ab 60 Jahre € 6,90), Familienkarte (2 Erwachsene und 2 Kinder) € 32,50.*
- **Anfahrt:** *Von der A 5 die Ausfahrt 57a Ettenheim nehmen und dann Richtung Frankreich fahren. Der Park ist etwa 7 Minuten von der Autobahn entfernt.*
- **ÖPNV:** *Ab Emmendingen mit dem Bus Linie 7230 bis Kappel Funny World fahren.*
- **Kontakt:** *Tel. (0 78 22) 44 59 90, www.funny-world.de*

Golfer an den Start

Adventure Mini.Golf.Park

Auch wenn die Kinder Hundertwasser nicht kennen, werden sie auf Anhieb begeistert sein von den bunten Elementen in der Architektur des Minigolfparks. Sie werden aber noch mehr begeistert sein von den 18 fantasievoll gestalteten Bahnen, die zum Teil einen Bezug zur unmittelbaren Umgebung haben. So wird beispielsweise der Wichtelpfad in Oberharmersbach (➜ siehe Tipp 19) bei Bahn zwei thematisiert; das Wichtelmännchen ist hier zu umspielen.

Bei einer Bahn muss eine Nachbildung des Harmersbachs überwunden werden. Dann gibt es wieder Bahnen mit besonderen Herausforderungen. Da kann auch schon einmal ein ganzer Untergrund so wacklig sein, dass man ganz schön balancieren muss, um im Gleichgewicht zu bleiben. Dann auch noch gut zu schlagen und genau zu zielen, erfordert schon einiges Geschick.

In einem bequemen Hängesessel kann man noch all den sportlichen Leistungen relaxen und ein we-

Hundertwasser, Windrad und Leuchtturm – Minigolf mal anders.

Zielsicherheit und Konzentration sind hier besonders gefragt.

nig in der Sonne dösen, während Mama und Papa den Rundensieger errechnen. Danach geht es auf den nett gestalteten Spielplatz neben einem kleinen Biergarten. Auch die Tischgarnituren können sich gewissermaßen selbständig machen – ähnlich wie die Wackelbahn – also nicht erschrecken, wenn es hier ein wenig unruhig zugeht!

Der Minigolfpark ist als grüne Gartenanlage gestaltet und beinhaltet Feng-Shui-Elemente. Da ausschließlich Naturmaterialien (Rindenmulch, Hackschnitzel, Split und Gras) verwendet wurden, kann man die Schuhe auch am Eingang stehen lassen und so gleichzeitig Minigolf spielen und einen Barfußpfad begehen. Die Anlage ist bei fast jedem Wetter geöffnet. Ist die Wetterlage ganz zweifelhaft, sollte man sich vorsichtshalber telefonisch erkundigen, ob geöffnet ist.

- **Lage:** *Talstraße 68, 77784 Oberharmersbach.*
- **Öffnungszeiten:** *April, Mai, Oktober und November Montag bis Freitag 12 bis 20 Uhr, Wochenende und Feiertag 10 bis 20 Uhr, Juni bis September täglich 10 bis 20 Uhr.*
- **Preise:** *Kinder (5–16 Jahre) € 3, Erwachsene € 5,50, Familienkarte ab € 13.*
- **Anfahrt:** *Ab Biberach (Baden) auf der L 94 über Zell am Harmersbach nach Oberharmersbach fahren.*
- **ÖPNV:** *Mit der Ortenau-S-Bahn bis Bahnhof Oberharmersbach-Riersbach fahren. Die Endhaltestelle ist direkt am Eingang der Minigolfanlage. Oder ab Biberach Bahnhof mit dem Bus Linie 772 nach Oberharmersbach-Riersbach fahren.*
- **Kontakt:** *Tel. (0 78 37) 9 22 34 60, www.adventure-minigolfpark.de*

Auf Freiburgs Hausberg

Schauinslandbahn

Dass eine Stadt, und noch dazu eine recht große wie Freiburg, ihren eigenen Hausberg hat, ist ja schon etwas Besonderes. Dass man diesen Hausberg aber mit einer Seilbahn »erfahren« kann, ist endgültig ungewöhnlich und will nicht so recht in das Bild einer 220 000-Einwohner-Stadt passen. Diese Seilbahn ist Deutschlands längste Umlaufseilbahn, das heißt, die Bahnen werden von einem Zugseil hin- und hergezogen. Der Hit für Kids: Drei Kinderkabinen warten auf die jungen Fahrgäste. Am Ende der Reise mit der Seilbahn können sich die Kinder vor der Gondolin-Fotowand fotografieren lassen.

»Schauinsland« – das ist sowohl der Name des besagten Hausberges als auch der Name der Seilbahn, die Besucher auf dessen Gipfel bringt. Und der Name passt auch wie die Faust aufs Auge: Dank dem in alle Himmelsrichtungen freien Panoramablick auf fast 1300 m Höhe kann man tatsächlich weit ins Land hineinschauen: In den Südschwarzwald mit den Alpen im Hintergrund und in die Vogesen und die Rheinebene.

Im Sommer sind **Spielplatz** und **Aussichtsturm** auf dem Berg Ziele, für die sich die Bergfahrt lohnt. Der Turm kann bestiegen werden und ist in etwa 30 Minuten Fußmarsch von der Bergstation aus erreichbar. Der Aufstieg zur Plattform in 31 m Höhe ist schon eine Herausforderung, denn über einen stählernen Treppenaufgang geht es über 85 Stufen nach oben. Am Gipfel gibt es außerdem Gasthäuser und Restaurants, in denen man einkehren kann.

Für die zahlreichen markierten **Wanderwege** in allen Längen kann man auch die Wanderschuhe schnüren. An der Talstation der Seilbahn erhält man kostenlos eine Karte mit Wandervorschlägen sowohl auf Naturpfaden als auch auf

Hoch, höher, am höchsten: Vom Turm aus ist der Blick perfekt.

Hoch über Freiburgs Dächern schweben die Gondeln der Seilbahn.

breit angelegten Wegen am Schauinsland. Im **Museum Schniederlihof** schließlich wird originalgetreu und anschaulich das frühere Leben auf den Schwarzwaldhöfen nachgebildet; Informationen erhält man unter der Handy-Nummer (01 70) 3 46 26 72.

Ganz besonders empfehlenswert ist jedoch das **Museums-Bergwerk Schauinsland** (➜ siehe Tipp 39), das von der Bergstation der Seilbahn in wenigen Minuten zu Fuß erreicht werden kann. Schon diese Attraktion macht eine Fahrt auf Freiburgs Hausberg lohnenswert.

Im Winter stehen Berg und Umgebung natürlich ganz im Zeichen des Wintersports. Bei den zahlreichen Ski- und Rodelmöglichkeiten können sich die jungen Schneehasen nach allen Regeln der Kunst austoben (➜ siehe Tipp 58).

■ **Hinweis:** *Einmal im Jahr gibt es sogar eine* **Nachtfahrt mit der Schauinslandbahn**. *Dann kann man den Sternen entgegengondeln und einen Blick in den Nachthimmel über dem Schwarzwald werfen. Den Termin hierfür erfährt man unter www.schauinslandbahn.de.*

■ **Lage:** *Bohrerstraße 11, 79289 Horben (Talstation).*

■ **Öffnungszeiten:** *Januar bis Juni und Oktober bis Dezember täglich 9 bis 17 Uhr, Juli bis September 9 bis 18 Uhr.*

■ **Fahrpreise:** *Berg- und Talfahrt: Kinder (6 bis 14 Jahre) € 7,50, Erwachsene € 12, Familienkarte (2 Erwachsene und bis 4 Kinder) € 25,50.*

■ **Anfahrt:** *Von der B 31a zwischen Freiburg und Titisee-Neustadt die Ausfahrt 62 Freiburg Stadtmitte nehmen und über die B 31a Richtung Titisee-Neustadt fahren. Dann Richtung Süden auf die L 124 über Günterstal zur Talstation der Schauinslandbahn.*

■ **ÖPNV:** *Ab Freiburg mit der Stadtbahn Linie 2 bis Endhaltestelle Günterstal fahren, dann mit dem Bus Linie 21 direkt zur Talstation.*

■ **Kontakt:** *Tel. (07 61) 45 11-7 77, www.schauinslandbahn.de*

Action im tiefen Süden

Steinwasenpark, Oberried

Hinter den Bergen, bei den sieben Zwergen ... So empfindet man die Anfahrt zum Steinwasenpark oberhalb von Oberried, wenn es stetig bergauf, durch den Wald und offenbar ins Nichts zu gehen scheint. Eine umso größere Überraschung ist dann der Freizeitpark, der sich am gefühlten Ende der Welt auftut. Hier ist für die ganze Familie ein erlebnisreicher Tag garantiert.

Die Kleinsten können im **Märchen-Kino** Winnie Pooh und seine Freunde treffen oder in der **Schwarzwaldbahn** Sehenswürdigkeiten der Region erleben. Auf dem **Abenteuerspielplatz** in der Aufmachung einer Ritterburg fühlen sich Kinder aller Altersstufen wohl. Kinder ab vier Jahren in Begleitung Erwachsener wagen sich in den **»Gletscherblitz«**, der seine Runden durch eine Eiswelt mit Pinguinen und Yetis dreht; Kinder ab neun Jahren dürfen alleine fahren. An heißen Tagen wird die ganze Familie eine rasante Wasserfahrt im **»RiverSplash«** genießen, wo es zu unfreiwilligen Duscheinlagen kommen kann.

Eine der Hauptattraktionen des Parks dürfte jedoch die **Berg-Rodelbahn** sein. Mit dem Sessellift wird man zur Bergstation transportiert, wo man sich einen Rodel nehmen kann. Vorbei geht die Schussfahrt an den Wildgehegen des Steinwasenparks. Es verlaufen zwei jeweils 800 m lange Bahnen parallel nebeneinander, sodass man sich auch in einem kleinen Wettbewerb messen kann. Eine der Bahnen ist überdacht und deshalb auch bei etwas schlechterem Wetter noch befahrbar. Kinder ab acht Jahren dürfen alleine rodeln, jüngere Kinder dürfen in Begleitung eines Erwachsenen im Doppelrodel lossausen.

Ritterburg und Gebirgsbach – der Park hat viel zu bieten.

An heißen Sommertagen ist der »RiverSplash« genau das Richtige.

Wer genug Achterbahn gefahren und Wasserrutschen hinabgesaust ist und sich bereits auf dem Ritterspielplatz ausgetobt hat, kann den **Tiergehegen** einen Besuch abstatten. Doch zuvor gilt es, die **Hängeseilbrücke** dorthin zu bezwingen, die bedenklich schaukelt, während man sie auf 218 m Länge überquert. Sie befindet sich in Schwindel erregender Höhe über dem Talgrund und ist schon eine kleine Herausforderung.

Dann erreicht man die Wildgehege mit Luchsen, Rentieren, Damwild und vielen weiteren Wildarten. An Automaten kann man Futter kaufen und die Tiere damit nah heranlocken. Es gibt die Möglichkeit, nur den Eintritt für den Tierpark zu lösen und für die großen Fahrgeschäfte Einzeltickets (2,50 Euro pro Fahrt) zu lösen (➜ siehe Tipp 44).

Kleinere **Shows** wie die »Magic & Mystery Show« ergänzen das Angebot des Parks. Ein besonderes Event ist ein Kindergeburtstag im Baumhaus. Informationen hierzu erhält man unter Tel. (0 76 02) 9 44 68 13.

- **Lage:** *Steinwasen 1, 79254 Oberried.*
- **Öffnungszeiten:** *Ende März bis Ende Juni und Anfang September bis Anfang November täglich 10 bis 16.45 Uhr, Ende Juni bis Anfang September 9 bis 17.45 Uhr.*
- **Eintrittspreise:** *Gesamtpark: Kinder (4 bis 11 Jahre) € 17, Erwachsene € 20; Tierpark: Kinder € 9, Erwachsene € 11.*
- **Anfahrt:** *Von der B 31 zwischen Freiburg und Donaueschingen/Titisee-Neustadt die Ausfahrt Sankt Peter/Stegen/Todtnau/Kirchzarten nehmen. Der Straße etwa 10 km folgen.*
- **ÖPNV:** *Am Busbahnhof Kirchzarten in den Bus Linie 7215 einsteigen. Die Haltestelle des Parks ist »Steinwasen, Oberried-St. Wilhelm«.*
- **Kontakt:** *Tel. (0 76 02) 94 46 80, www.steinwasen-park.de*

Der Name ist Programm

Spaßpark Hochschwarzwald

Ein Freizeitpark, in dem man sich im Winter an den lustigsten Abfahrten austobt und im Sommer die originellsten Attraktionen für einen kurzweiligen Tag sorgen – wo gibt es denn so etwas? In Schluchsee gibt es so einen Spaßpark, dessen Name schon alles sagt!

Der »Zipfelbob«, ein Rodelgerät, das so witzig ist, wie es klingt, der Kuhfladenrodler oder die Tubes – alle diese verheißungsvollen Fortbewegungsmittel sind sowohl im Sommer als auch im Winter im Einsatz. Womit man auch bergab schlittern möchte, der Zauberteppich, sorgt für den Weg nach oben. Für die verschiedenen Downhill-Geräte muss man eine Leihgebühr von fünf Euro pro Kind und acht Euro pro Erwachsenem bezahlen.

Eins der Highlights des Parks ist jedoch mit Sicherheit das **Fußballgolf**. Statt mit Schlägern und Bahnen rückt man mit einem Fußball 15 Herausforderungen zu Leibe und muss an den verschiedensten Stationen per »Torschuss« einlochen, beispielsweise am überdimensional großen Fußball-Billardtisch oder am Fußball-Flipper. Das Golfspiel der besonderen Art kostet vier Euro für Kinder und sechs Euro für Erwachsene.

Aerotrimm, Hüpfkissen und Bungee-Trampolin stehen zur Verfügung, wenn der Nachwuchs immer noch nicht erschöpft ist (wird

Auf der 100 m langen Tubingbahn kann man ganzjährig rodeln.

■ **Billard auf Riesen-Tischen mit Fußbällen statt Kugeln.**

ebenfalls jeweils separat berechnet). Außerdem gibt es auf dem **Segway-Schnupper-Parcours** die Möglichkeit, dieses moderne Fortbewegungsmittel einmal genauer unter die Lupe zu nehmen. 15 Minuten kosten acht Euro pro Testfahrer.

Und schließlich ist auch der **Minigolfplatz** »Auf der Wacht« in den Spaßpark integriert. Die mit Kunstrasen ausgelegten 18 Bahnen wurden vor einiger Zeit grundsaniert. Golfer erreichen die Anlage entweder zu Fuß oder können sich mit dem Förderband nach oben transportieren lassen. Schläger und Bälle werden am Eingang zum Spaßpark ausgegeben, Kinder zahlen 1,50 Euro und Erwachsene drei Euro für eine Minigolfrunde.

■ **Hinweis:** *Am Eingang des Spaßparks kann man* **E-Bikes** *mieten und damit beispielsweise locker und bequem den 67 km langen Seenradweg an einem Tag bewältigen.*

■ **Lage:** *Fischbacher Straße 16, 79856 Schluchsee.*

■ **Öffnungszeiten:** *Täglich außer Mittwoch 9 bis 18 Uhr (in den Ferien auch Mittwoch). Im Winter andere Zeiten.*

■ **Eintrittspreise:** *3-Stunden-Ticket: Kinder (5 bis 12 Jahre) € 5, Erwachsene € 8.*

■ **Anfahrt:** *Im Ort Schluchsee auf die Schluchseestraße Richtung Fischbach abbiegen, dann auf die zweite Straße (Fischbacher Straße) rechts.*

■ **ÖPNV:** *Mit der Dreiseenbahn ab Titisee bis Seebrugg Bahnhof am Schluchsee fahren, dann etwa 700 m zu Fuß bis zum Spaßpark gehen.*

■ **Kontakt:** *Tel. (01 62) 2 94 43 47, www.spass-park-hochschwarzwald.de*

Deutschlands längste Rodelbahn

Hasenhorn Coaster

Schon von weitem sieht man die serpentinenartig angelegte Bahn, die sich über den gesamten Hang des Berges **Hasenhorn** erstreckt. Über dem idyllischen Ort **Todtnau**, in einer Talmulde gelegen, erhebt sich das Hasenhorn und unmittelbar mit ihm verbunden die längste und laut Eigenwerbung spektakulärste Rodelbahn Deutschlands. Hier muss man gewesen sein: Die schier endlos lange Abfahrt ist ein Erlebnis, das man in vollen Zügen genießen kann.

Der gängige »Aufstieg« zum Rodelbob, der oben auf mutige Abenteurer wartet, ist eine Fahrt in der **Doppelsesselbahn**. Dabei überwinden die Rodler eine Höhendifferenz von 400 m, um auf über 1000 m anzukommen. Anschließend geht es auf einer fast 3 km langen Strecke zurück ins Tal. Das Tempo bestimmt dabei jeder selbst – aber auch die größten Helden seien gewarnt: Auf einer so langen Distanz kann der Bob ganz schön Geschwindigkeit zulegen!

Hin und wieder sollte man vielleicht doch den Bremshebel betätigen und nach hinten ziehen. Nicht umsonst hallen über den ganzen Berg die lauten Schreie der Rodler, die über Schanzen brettern und sich in die Steilkurven der Kreisel legen. Zwar ist die Strecke schienengeführt, aber einige besonders steile Passagen und Wellen in der Schiene sorgen für zusätzlichen Kick – den man dann aber auch aushalten muss!

Die Bergfahrt mit dem Sessellift führt direkt entlang der Bahn, sodass man die Bobfahrer beobachten und sich seine eigene Fahrstrategie zurechtlegen kann. Kinder ab acht Jahren und einer Größe von 1,40 m dürfen alleine rodeln. Kleinere Kinder fahren bei Erwachsenen im Bob mit. So ist der Hasenhorn Coaster wirklich ein Spaß für die ganze Familie und alle Altersstufen.

Der Coaster ist über die Ländergrenzen hinaus berühmt. Gäste aus aller Herren Länder trifft man hier und teilt sich das Vergnügen dieser ganz besonderen Bahn. Da der Spaß

Der Sessellift führt über die Bobbahn auf 1000 m Höhe.

nicht ganz günstig ist, kann man ihn auch mit einer Aktivität oben am Berg verbinden. Es gibt mehrere schöne Touren, die rund um die Bergstation starten, z. B. den **Zauberweg** für Kinder (siehe unten). Der Coaster ist eine Ganzjahresbahn. Im Winter findet man am Hasenhorn zusätzlich eine 3,5 km lange, präparierte Rodelbahn (➜ siehe Kapitel Winterfreuden).

Am Wochenende und in der Ferienzeit ist der Andrang groß, dann kann es sowohl an der Talstation als auch bei der Abfahrt im Bob zu Wartezeiten kommen. Am besten stattet man der Bahn gleich morgens nach Öffnung oder abends kurz vor dem Schließen einen Besuch ab.

■ **Hinweis:** *Sportlichen Familien wird empfohlen, den 3 km langen Kinderwanderweg »Zauberweg« bis zur Bergstation des Hasenhorns zu gehen. Dann ist die Abfahrt mit dem Coaster nicht nur eine Belohnung, sondern die Familie hat auch viel Geld gespart (Tickets für die Liftfahrt und Rodelabfahrt können getrennt gekauft werden). Zwar ist der Märchenweg kein spektakulärer Weg mit interaktiven Stationen, aber nette Elemente hat er trotzdem und er verläuft auf einem tollen, schmalen und schattigen Waldpfad. Highlight ist die Fledermaushöhle mit dem magischen Stein – wer traut sich hinein, um den Leuchtstein zu suchen?*

■ **Auf dem Zauberweg muss man die Augen offenhalten!**

■ **Lage:** *Lindenstraße 9, 79674 Todtnau.*

■ **Öffnungszeiten:** *Täglich 10 bis 16.45 Uhr, in der Hochsaison 9.30 bis 16.45 Uhr (wetterabhängig).*

■ **Fahrpreise:** *Kinder (4 bis 15 Jahre) Sessellift € 5 und Coasterbahn € 4 (Kombipreis für beides € 8), Erwachsene Sessellift € 6, Coasterbahn € 4,50 (Kombipreis € 9,50); Talfahrt Sessellift Erwachsene und Kinder € 4,50.*

■ **Anfahrt:** *Von der A 5 die Ausfahrt Freiburg-Mitte nehmen, dann über Kirchzarten, Oberried und Notschrei nach Todtnau fahren (etwa 30 km ab der Autobahnausfahrt). Aus östlicher Richtung über die B 31 bzw. B 315 fahren, bis die B 317 kreuzt. Dieser direkt bis Todtnau folgen.*

■ **ÖPNV:** *Ab Bahnhof Kirchzarten mit dem Bus Linie 7215 bis Todtnau Busbahnhof.*

■ **Kontakt:** *Tel. (0 76 71) 9 69 80, www.hasenhorn-rodelbahn.de*

In luftigen Höhen

Kletterpark und Waldseilgarten

Vor lauter Bäumen den Wald nicht sehen – das trifft in Sachen Kletterparks im doppelten Sinne zu. Auf den Schwarzwald haben sich ungewöhnlich viele Kletterparks und -anlagen verteilt und warten darauf, entdeckt zu werden. In **Kenzingen** kann man im Waldseilgarten **»Abenteuer im Wald«** durch die Baumkronen schweben. Die ganz Kleinen gehen in »Tarzans Grundschule«, während die Helden im Freifallerlebnis Mut beweisen. Im Internet findet man den Kletterwald unter www.abenteuer-im-wald.de

Wie im freien Fall: Seilrutschen in der »Zipline Area«.

Ein Event für größere Kinder ab neun Jahren und Jugendliche ist die **»Zipline Area«** im Heubachtal bei **Schiltach**. Hier steht das Zipline-Fahren im Vordergrund. Was das ist? Seilrutschen aller Art, vom gemächlichen Dahingleiten bis zum ultimativen Flug über das Kinzigtal, auf Augenhöhe mit den allerhöchsten Schwarzwaldtannen. Unter www.hirschgrund-zipline.de erfährt man mehr über das außergewöhnliche Angebot.

Nahe der Schweizer Grenze geht's in **Lörrach** noch einmal hoch hinaus. Im **»Erlebniskletterwald«** kann man bei 125 Übungen auf einer Höhe zwischen 1 und 10 m den Wald erleben und Nervenkitzel erfahren. Unter www.erlebniskletterwald.de erfährt man mehr.

Natur erleben

Ob bis zu den Knien im zähen Matsch watend, bei einer Nachenfahrt durch den Dschungel oder auf den Gipfeln der über 1000 m hohen Berge – Schwarzwald ist Natur pur. Sie zieht Groß und Klein in ihren Bann mit tosenden Wasserfällen, abenteuerlichen Schluchten und Wegen hoch oben in den Baumwipfeln. Natur und Abenteuer gehören hier so untrennbar zusammen wie kaum woanders.

Auf Irrwegen

Kinzigtäler Maislabyrinth

Von oben betrachtet sehen die Wege ja übersichtlich aus …

Es gibt ein Motto, es gibt Bilder zu finden und ein Gewinnspiel – ach ja, und natürlich gibt es auch jede Menge verzweigte und verzwickte Wege, die einen im Maislabyrinth nicht selten ganz schön in die Irre führen können. Im Jahr 2013 war das **Motto** des Irrgartens »Früchte des Feldes«. Es sollte verdeutlichen, dass die Landschaft nicht nur Futter- und Lebensmittel erzeugt, sondern auch als Energielieferant dient.

Dazu gibt es ein **Quiz**: Im Irrgarten müssen die Kinder Bilder von verschiedenen Früchten finden, Lösungshinweise gibt es auf den Infotafeln im Labyrinth. Den ausgefüllten Rätselschein wirft man am Ende – sofern man wieder aus dem Irrgarten herausgefunden hat! – in einen Briefkasten ein und nimmt so an einer Verlosung für Freikarten für das Biberacher Freibad teil. Die Erwachsenen dürfen übrigens auch rätselnd durchs Labyrinth irren, sie haben es

... aber inmitten der hohen Maisstauden wird es doch happig!

jedoch ein wenig schwerer als der Nachwuchs – sie müssen landwirtschaftliche Fragen beantworten. Das Motto wechselt jährlich.

Auf vier Hektar sind die Wege des Labyrinths angelegt. Wenn es vorher geregnet hat, sollte man **festes Schuhwerk** dabei haben, denn dann ist es matschig. Ist die Kasse einmal nicht besetzt, kann man seinen Obolus für den Eintritt an der aufgestellten Feldkasse entrichten. Da das Labyrinth durchgehend zugänglich ist, steht auch einer nächtlichen Verirrung nichts im Weg. Dann Taschenlampe mitnehmen und Eintrittsgeld nicht vergessen und los geht das Abenteuer! Übrigens darf man sich nicht wundern, wenn man auf dem Hof namens »D'Schilli Buur« landet und sich fragt, was diese Bezeichnung mit dem Maislabyrinth zu tun hat. So nennen die Einwohner von Biberach den Landwirtschaftsbetrieb der Familie.

- **Öffnungszeiten:** *Mitte Juli bis Mitte Oktober durchgehend.*
- **Eintrittspreise:** *Kinder (ab 4 Jahre) und Schüler € 1, Erwachsene € 2, Familien € 5.*
- **Anfahrt:** *Das Labyrinth ist ab Biberach gut ausgeschildert und liegt direkt an der B 33.*
- **ÖPNV:** *Ab Bahnhof Biberach (Baden) 15 Minuten zu Fuß bis zum Maislabyrinth gehen, oder ab der Haltestelle Adler Biberach (Bus Linie 7160) 5 Minuten Fußweg.*
- **Kontakt:** *Tel. (01 72) 5 64 58 42, www.schillibuur.de*

Auf der Höhe!

Bunte Vielfalt auf dem Feldberg

Am Feldberg, dem höchsten Berg des Schwarzwalds, ist einiges geboten. Nicht nur in der Skisaison oder auf dem fast 1500 m hoch gelegenen Gipfel des Giganten gibt es viel zu unternehmen und zu entdecken. Auch am Fuße des Berges warten einige Attraktionen auf junge Gäste. Die Ausstellung im Haus der Natur ist eher ein Schlechtwetter-Angebot, während der Kletterwald und das Ponyreiten Schönwetter-Attraktionen sind.

Zentrum und Anlaufstelle für das Abenteuer am Feldberg ist das **Haus der Natur**, ein langgezogenes Gebäude im Ort Feldberg, das einige Überraschungen bietet. Hier ist das **Naturschutzzentrum Südschwarzwald** untergebracht, das nicht nur mit einem umfangreichen Veranstaltungsprogramm, spannenden Führungen und Naturerlebnistagen für Action sorgt, sondern auch eine bemerkenswerte Dauerausstellung für Kinder bietet: Besucher aller Altersstufen können sich in der interaktiv, multimedial und mit viel Liebe zum Detail ausgestatteten Ausstellung über den Naturpark, die Entstehung der Landschaft, über Pflanzen und Tiere und Geschichtliches aus dem Schwarzwald informieren.

Die Kinder sitzen dabei in einer ausrangierten Gondel und schauen infor-

Viel gibt es zu entdecken und auszuprobieren im Haus der Natur.

mative Filme oder steigen in den Korb eines Heißluftballons. Die Schwarzwaldbahn als Miniaturausgabe darf ebenso in Gang gesetzt werden, wie die Höhle erforscht werden kann. Aufklappen, drehen, kurbeln, schieben, dahinter schauen und antippen – das ist alles ausdrücklich erwünscht, um der Natur des Südschwarzwalds auf die Spur zu kommen.

Besonders toll für Kinder ist das Ausstellungsquiz. Damit fegt es sich noch aufmerksamer durch die Exponate, denn mit Hilfe von Labyrinthen, Kreuzworträtseln und Fragen zur Ausstellung erfahren die Kinder spielerisch viel über die Natur der Region. Den Flyer mit dem Quiz gibt es an der Kasse.

- **Lage:** *Dr.-Pilet-Spur 4, 79868 Feldberg.*
- **Öffnungszeiten:** *Täglich 10 bis 17 Uhr; am 25. Dezember und an Montagen von November bis Mai außerhalb der Schulferien geschlossen.*
- **Eintrittspreise:** *Kinder (ab 6 Jahre) € 2, Erwachsene € 3, Familien € 8.*
- **Anfahrt:** *Aus östlicher und südwestlicher Richtung erreicht man den Ort Feldberg über die B 317, aus Richtung Schluchsee über die B 500 und die B 317.*
- **ÖPNV:** *Von den Bahnhöfen Titisee und Bärental und von Todtnau aus fährt der Südbadenbus nach Feldberg (Haltestelle »Feldberger Hof«).*
- **Kontakt:** *Tel. (0 76 76) 93 36 10, www.naturpark-suedschwarzwald.de*

Eine ganz neue Attraktion mitten im Zentrum der kleinen Feldberg-Ansiedlung ist der **Kletterwald**. Auf die Bäume, fertig, los lautet hier die Devise und damit werden kleine und große Kletteräffchen auf die verschiedenen Strecken geschickt, die zwischen großen Schwarzwaldfichten aufgebaut sind. Für jede Altersklasse gibt es entsprechende Schwierigkeitsstufen, angefangen beim **Kleinkinder-Parcours** 1 m über dem sicheren Boden für Kinder ab vier Jahren bis zu zwei Parcours für die sportlichen älteren Kinder und Erwachsenen.

Einer ist der mittelschwere **Fun-Parcours**. Er richtet sich an Kinder ab acht Jahre und verläuft etwa 8 m über dem Boden. Der andere ist der **Fox-Parcours**, der schon sehr anspruchsvoll ist, da man hier 12 m über dem Boden echten Nervenkitzel verspürt.

Wer für alle Klettervarianten noch zu klein ist, darf sich auf dem hübsch gestalteten **Abenteuerspielplatz** austoben und den Großen dabei zuschauen, wie sie à la Tarzan mit Seilrutschen durch den Kletterwald sausen. Vor dem Klettern gibt es eine fachmännische Einweisung in die Sicherungstechnik und für jeden Parcours.

- **Lage:** *Dr.-Pilet-Spur 4, 79868 Feldberg.*
- **Öffnungszeiten:** *Mai, Juli, August und September täglich 10.30 bis 19 Uhr, April, Juni und Oktober 11.30 bis 18 Uhr.*
- **Preise:** *Kinder (4 bis 13 Jahre) € 12 (nur in Kletterbegleitung eines Erwachsenen! Max. 2 Kinder pro Erwachsener), Jugendliche € 16, Erwachsene € 19.*
- **Anfahrt:** *Siehe Haus der Natur.*
- **ÖPNV:** *Siehe Haus der Natur.*
- **Kontakt:** *Tel. (01 52) 53 69 37 65, www.kletterwald-feldberg.com.*

Last but not least kommen alle Pferdenarren noch auf ihre Kosten. Von Mai bis etwa Ende Oktober wird am Feldberg **Ponyreiten für Kinder** angeboten. Kinder ab drei Jahren dürfen sich in den Sattel von Shetlandponys & Co. schwingen und zehn Minuten lang ein paar Runden auf dem Reitplatz drehen. Die Eltern führen die Pferde selbst. So lernen schon die Allerkleinsten spielerisch den Umgang mit dem Pferd kennen.

Der Ponyhof gehört zum Familienhotel »Feldberger Hof«. Reiten dürfen aber natürlich alle, nicht nur die Gäste des Hotels. Auch Erwachsene bis etwa 70 kg können hier reiten.

- **Lage:** *Dr.-Pilet-Spur 1, 79868 Feldberg.*
- **Öffnungszeiten:** *Mai bis Ende Oktober (je nach Wetterlage und Schneeverhältnissen) Montag bis Samstag 13.30 bis 16.30 Uhr.*
- **Preise:** *Kinder (3 bis 12 Jahre) € 5 für 10 Minuten.*
- **Anfahrt:** *Siehe Haus der Natur.*
- **ÖPNV:** *Siehe Haus der Natur.*
- **Kontakt:** *Tel. (0 76 76) 1 80, www.feldberger-hof.de*

Toller Abenteuerspielplatz direkt neben dem Kletterwald.

Trolle und exotische Wesen

Kamelberg

Die Natur selbst war am Werk bei der Erschaffung dieses ganz und gar ungewöhnlichen Ortes mit seinen noch ungewöhnlicheren »Bewohnern«. Das sind nämlich skurrile Gestalten mit geflügelten Gesichtern, Fabelwesen wie beispielsweise ein Einhorn, ein Engel mit Schwert oder auch nicht alltägliche Tiere wie Dinosaurier und sogar Krippenfiguren.

Wie nun kommen aus Holz geschnitzte Figuren auf einen Berg und wieso heißt dieser »Kamelberg«? Es war der Sturm **»Lothar«**, der 1999 besonders im Schwarzwald viel Schaden angerichtet hat. Er hat Schneisen der Verwüstung in viele vor allem hoch gelegene Gebiete geschlagen, so auch in den 530 m hohen Bergrücken zwischen Fischbach und Kappel. Danach standen von dem ehemals dichten Forst nur noch drei einsame Kiefern, von denen heute zwei immer noch da sind. Um sie herum hat sich die lustige Gesellschaft aus Holzfiguren niedergelassen und schafft eine Stim-

Namensgebend für den Berg ist das Kamel mit seinem Reiter.

mung, auf die man nicht oft trifft – es ist irgendwo zwischen mystisch, gruselig und geheimnisvoll.

Aus der Krone einer Weißtanne hat ein Künstler aus Kappel, der mit seiner Motorsäge Installationen erschafft, ein **Kamel mit Reiter** kreiert. Diese Skulptur hat dem Berg seinen Namen gegeben. Wie die anderen Figuren auch ist das Kamel aus Baumstümpfen, Stämmen, Ästen, Zweigen und Wurzeln herausgearbeitet. Auf diese Weise ist auch die Szene mit der **Krippe** und der Heiligen Familie entstanden – man kann es kaum glauben, dass mit einem Gerät wie einer Motorsäge so feine, filigrane Arbeiten möglich sind. Die Krippe befindet sich auf der Wiese des Pfeiferberg-Sattels. Neben Jesus, Maria und Josef wacht ein grimmiger Waldkauz mit krummem Schnabel. Solange der hier »aufpasst«, wird dem Jesuskind sicher nichts passieren!

Viel gibt es zu entdecken und zu erforschen hier oben. Manches ist gespenstisch, manches lustig, manches erfordert Fantasie. Drum herum tun sich herrliche Landschaften auf, der **Panoramablick** erstreckt sich auf den Schauinsland, ins Dreisamtal und zum Hinterwaldkopf. Es ist für die ganze Familie ein außergewöhnliches Erlebnis. Kleinere Kinder werden sich vielleicht vor dem Geier oder dem Krieger erschrecken, aber auf jeden Fall ebenso ihren Spaß an diesem bizarren Ort haben wie größere Kinder und Erwachsene.

Aus einem Stamm herausgearbeitet ist der Kopf des Kamels.

Zu erreichen ist der Kamelberg auf mehrere Arten: Von Kappel geht es beispielsweise Richtung Osten durch den Wald oder von Kappel Richtung Osten und nach dem Schütterlehof rechts ab Richtung Pfeiferberg, wo man parken kann. Zu Fuß geht man von den meisten Ausgangspunkten noch etwa 1 km weit vom Tal aus den Berg hinauf.

- **Öffnungszeiten:** *Jederzeit frei zugänglich.*
- **Anfahrt:** *Der Kamelberg liegt zwischen dem Kirchzartener Ortsteil Neuhäuser-Fischbach und Freiburg-Kappel zwischen der ehemaligen Erzgrube Kappel-Ziegelmatte und dem Herchersattel bzw. dem Pfeiferberg.*
- **ÖPNV:** *Ab Bahnhof Kirchzarten mit dem Bus Linie 7215 nach Kirchzarten-Dietenbach.*
- **Kontakt:** *www.dreisamtal-online.eu*

Rätselhafter Irrgarten

Maisfeld-Labyrinth, Opfingen

Nach vielen Irrwegen durch die Sonnenblumen: »Ziel erreicht!«

Es ist eigentlich schon Herausforderung genug, wenn die hohen Maisstauden jeden Überblick verhindern und man nach zwei- oder dreimal abbiegen jegliche Orientierung verloren hat. Dann aber noch nach versteckten Fragen zu fahnden, die beantwortet werden wollen – da hat man schon eine richtig harte Nuss zu knacken. Die Fragen drehen sich immer um das Motto des Jahres. 2013 war es »Fleißige Bienen«, im Jahr davor »100 Jahre Titanic«.

Die richtigen Antworten führen zu einem Lösungswort, mit dem man am Ende der Saison an einer **Verlosung** teilnimmt. 4 km Irrungen und Wirrungen gilt es dafür zu bewältigen. Und nicht jeder Weg ist zielführend, immer wieder verirrt man sich in Sackgassen. Aus welcher Richtung ist man in sie hineingeraten und wohin biegt man am besten ab? Da gibt es in den Familien so manche Diskussionen, in denen nicht selten die Kinder Recht behalten. Sie haben eindeutig das bessere Gespür für den richtigen Weg. Ab zehn Jahren dürfen sie sich schon alleine in den Irrgarten wagen, jüngere Kinder sollten von einem Erwachsenen begleitet werden.

Leider ist das Maislabyrinth aus naheliegenden Gründen kein ganzjähriges Event. In der Regel kann man sich von Mitte Juli bis Mitte September auf Irrwege begeben. In dieser Zeit wird auf dem Gelände des Maislabyrinths aber auch noch allerhand anderes geboten: Nach erfolgreichem Umherirren können sich die Kinder auf der **Strohburg** austoben. Es gibt außerdem einen **Barfußpfad** neben dem Feld und man kann **Beachvolleyball** spielen. In der **Welsch-**

kornhütte kann man sich verwöhnen lassen – dazu muss man nicht einmal das Maislabyrinth absolviert haben. Ein besonderer Nervenkitzel ist schließlich das **Vollmond-Nachtlabyrinth**. Mit der Taschenlampe geht es in den Irrgarten – die wahren Helden sind gefragt.

2013 haben sich die Betreiber des Labyrinths etwas Besonderes einfallen lassen: Statt der »gängigen« Bepflanzung mit Mais waren es da Sonnenblumen, die eine Orientierung erschwert haben. Ein betörender Duft und ein sattes Gelb, so weit das Auge reicht, waren die Begleiter auf den verschlungenen Pfaden. Und wer weiß, womit man als Irrläufer künftig überrascht wird?

Und zum Schluss noch zur Beruhigung: Bisher hat jeder wieder aus dem Labyrinth herausgefunden!

- **Öffnungszeiten:** *Mitte Juli bis Mitte September täglich 11 Uhr bis Sonnenuntergang, in der Nachsaison Sonntag 12 bis 17 Uhr.*
- **Eintrittspreise:** *Kinder (3 bis 15 Jahre) € 3, Erwachsene € 4, Familienkarte (Erwachsene und eigene Kinder) € 12.*
- **Anfahrt:** *Von der A 5 aus beiden Richtungen die Ausfahrt 63 Freiburg-Süd nehmen, dann auf die B 31 Richtung Freiburg-Tiengen. Rechts auf die K 9864 auffahren und über die Straße Am Wäldle, die Gewerbestraße und die Freiburger Straße bis Waldmösle fahren.*
- **ÖPNV:** *Innerhalb Freiburgs mit den Bussen der VAG: Bus Linie 32 oder 33 bis Haltestelle »Opfingen Ziegelei«.*
- **Kontakt:** *Tel. (0 76 64) 47 44, www.maisfeld-opfingen.de*

Ein Meer von Sonnenblumen, so weit das Auge reicht!

Über Stock und Stein

Barfußpfad »Park mit allen Sinnen«, Gutach

Ist es nicht herrlich, einmal ohne Gummistiefel und Buddelhose mit nackten Füßen durch den Matsch zu waten, ohne dass Mama und Papa schimpfen? Über pieksende Tannenzapfen zu staksen, als ob es heiße Kohlen wären? Oder über glatte Steine, die die Fußsohlen massieren? Im »Park mit allen Sinnen« kann man barfuß über diese und noch viel mehr Untergründe spazieren. Manches ist angenehm, manches kostet Überwindung, vor allem bei nicht so gutem Wetter. Dann kann der Marsch durch die kalte Matschgrube schon einmal eine Herausforderung sein. Aber es macht Spaß!

Tief in den Matsch einzusinken ist ein besonderes Erlebnis.

Kinder allen Alters lassen sich verzaubern von der schönen Umgebung des **Landschaftsschutzgebietes** mit Blick ins Gutachtal. Und wer eine Auszeit davon braucht, über Stock und Stein zu laufen, kann an der **Picknickwiese** Halt machen oder an den verschiedenen **Duftstationen** den Geruchssinn schärfen. Wer erkennt beispielsweise den zitronigen Geruch von Limonen oder den weihnachtlichen Duft von Zimt und Koriander?

Der Barfußweg verläuft über Wiesen und durch den Wald bergauf und bergab und ist insgesamt gut 2 km lang. An ganz anspruchsvollen Stationen mit sehr grobem Untergrund oder zu tiefen Matschgruben hat man die Möglichkeit, den eigentlichen Pfad über einen Sandweg zu umgehen. Es gibt auch Holzhäuschen, in denen man auf überdimensional großen Liegebänken chillen und bei meditativen Klängen die Seele baumeln lassen kann. Ganz am Ende des Rundwegs, der gut ausgeschildert ist, kann man sich die Füße waschen. Wer aber – gerade an einem nicht besonders warmen Tag – auf ein warmes Fußbad hofft, sieht sich schnell getäuscht. Das Wasser ist kalt und stellt noch einmal eine letzte Er-

Am Ende heißt es Füße waschen – mit eiskaltem Wasser!

munterung auf dem Barfußweg dar, ein Held zu sein!

Man kann den Barfußpark bei allen Wetterlagen besuchen (an der Kasse kann man kostenlos Regenschirme leihen). Nach Regenfällen ist der Matschanteil stark ausgeprägt, im Hochsommer blüht es überall bunt. Im Herbst ist der Kneipp-Effekt besonders groß, vor allem wenn man die kalten Füße wieder in die warmen Strümpfe und Schuhe steckt – dann spürt man, wie die Füße richtig heiß werden. Am Beginn des Barfußpfads gibt es Schließfächer, in denen man Schuhe und sonstige überflüssige Utensilien unterbringen kann.

■ **Hinweis:** *Nur wenige hundert Meter entfernt findet man die Sommerrodelbahn Gutach (➜ siehe Tipp 4).*

■ **Lage:** *Hauptstraße 95, 77793 Gutach (Schwarzwaldbahn).*

■ **Öffnungszeiten:** *März, April und Oktober täglich 10 bis 18 Uhr, Mai bis September 10 bis 19 Uhr.*

■ **Eintrittspreise:** *Kinder (3 bis 15 Jahre) € 3,80, Erwachsene € 5,50.*

■ **Anfahrt:** *Der Park liegt direkt an der B 33 zwischen Hausach und Gutach (Schwarzwaldbahn), Richtung Hornberg rechter Hand, Richtung Hausach linker Hand.*

■ **ÖPNV:** *Ab den Bahnhöfen Hausach oder Hornberg mit dem Bus Linie 7150 nach Gutach; die nächstgelegene Haltestelle heißt »Vogtsbauernhof«.*

■ **Kontakt:** *Tel. (0 78 41) 68 24 34, www.parkmitallensinnen.de*

Der Dschungel ruft

Nachenfahrt durch den Taubergießen

Dschungel in Deutschland gibt es nicht? Gibt es doch! Im Naturschutzgebiet Taubergießen am Kaiserstuhl mitten im Breisgau findet man nicht nur eine von einem dichten Gewässernetz durchzogene **Wald-, Wiesen- und Sumpflandschaft**, sondern kann sich sogar auf Erkundungstour begeben, wie es im Dschungel eben üblich ist: mit einem Boot. Genauer gesagt sind es sogenannte **Nachen**, mit denen man die Wildnis der Altrheinarme erkundet und dabei die Tier- und Pflanzenwelt hautnah erlebt. Ein Nachen ist ein kompaktes, flaches Boot, eine Art Fischerkahn, das mit Rudern oder Stochern angetrieben wird. Bis zu zwölf Personen finden Platz darauf.

Ein Unternehmen für eine solche Bootstour zu finden, ist ganz und gar unproblematisch. In Taubergießen gibt es Angebote aller Art – für Familien oder Gruppen, mit oder ohne Picknick, mit oder ohne Grill-Event und vieles mehr. Solche Anbieter findet man beispielsweise auf der Internetseite von www.kaiserstuhl.eu/Umgebung/Breisgau/taubergiessen-bootsfahrt.htm oder der Tourist Information Kappel-Grafenhausen (siehe nebenstehend). Die Fahrten werden regelmäßig vom Frühjahr bis in den Spätherbst angeboten, auf Wunsch sind aber auch Fahrten durch die Winterlandschaft möglich. Das ist besonders eindrucksvoll, weil im Winter Wasser- und Greifvögel Quartier im Naturschutzgebiet beziehen.

Dschungel-Feeling in der Sumpflandschaft des Taubergießen.

Die Touren starten normalerweise an der **»Zuckerbrücke«** direkt beim Europapark (➜ siehe Tipp 2) und dauern etwa zwei Stunden. Sie sind so abwechslungsreich wie abenteuerlich, wenn es unter niedrigen Brücken durch oder über richtige kleine Stromschnellen hinweggeht. Nicht umsonst wird das Gebiet **»der Amazonas am Oberrhein«** genannt.

Unterwegs trifft man mit Sicherheit auf Stockenten und Graugänse, mit etwas Glück auf Graureiher und Mäusebussarde und mit noch mehr Glück plantscht fröhlich eine Bisamratte im Wasser. Libellen und Schmetterlinge begleiten die Nachenfahrt und Vögel mit herrlichem Gefieder wie der Pirol oder der Eisvogel sind eine wahre Augenweide. Der Bootsführer ist sachkundig und macht seine Passagiere auf besondere tierische und pflanzliche Exemplare aufmerksam. Viele seltene und vom Aussterben bedrohte Tier- und Pflanzenarten haben in diesem Auengebiet einen Lebensraum gefunden.

Nach der etwa 10 km langen Fahrt kann man sich am Endpunkt der Bootstour entscheiden, ob man sich vom **Shuttleservice** des Anbieters mit zurücknehmen lässt oder lieber die Wanderschuhe schnürt und den Dschungel noch einmal zu Land erlebt – was sehr empfehlenswert ist! Hierüber sollte man sich entweder beim gewählten Anbieter vorab erkundigen oder bei der Tourist Information Kappel-Grafenhausen (siehe unten) informieren.

Der Name »Taubergießen« leitet sich übrigens ab von »Gießen«, das sind von Grundwasser gespeiste Fließgewässer und »taub«, was eine alte Bezeichnung für nährstoff- und fischarme Gewässer ist.

- **Hinweis:** *Am besten startet man die Bootstour früh morgens. Dann kann man den Dschungel am besten genießen. Es sind noch nicht so viele Boote unterwegs und es lassen sich mehr Tiere beobachten als später am Tag.*
- **Termine:** *Nach persönlicher Vereinbarung.*
- **Preise:** *Kinder (bis 12 Jahre) € 8, Erwachsene € 10, Mindestpreis für eine Fahrt € 75.*
- **Anfahrt:** *Von der A 5 Ausfahrt Rust nehmen und in Richtung Europapark und der Parkplätze fahren. Vor den Schranken dem Schild »Rust« nach rechts folgen. Nach etwa 300 m (nach dem Sportheim) links abbiegen. Nach 200 m rechts dem Schild »Zuckerbrücke« folgen. Die Bootseinstiegsstelle folgt nach 800 m.*
- **ÖPNV:** *Aus Richtung Freiburg mit dem Regionalzug bis Ringsheim und von dort mit dem Shuttlebus bis zum Europapark. Von Offenburg Bahnhof mit dem Zug bis Orschweier Bahnhof und dann mit dem Bus 113 bis Rust Rathaus.*
- **Kontakt:** *Tel. (0 78 22) 86 30 (Tourist Info Kappel-Grafenhausen), www.taubergiessen.com*

Dem Waldwichtel auf der Spur

Naturerlebnispfad Oberharmersbach

Er heißt **Hademar Waldwichtel** und ist ein lustiger kleiner Kerl mit Rauschebart und roter Zipfelmütze. Ein richtiger Waldwichtel halt. Er hat sich auf einem 2 km langen Rundweg durch den Wald und die Natur der Oberharmersbacher Katzenhalde versteckt und wartet mit interaktiven Stationen, Infotafeln, Kletterhängen, einem Waldklassenzimmer und zahlreichen Spielstellen auf junge Abenteurer. Es gilt, die Augen offen zu halten, denn man findet den Weg nur, wenn man den Fußspuren des Wichtelmännleins folgt.

Wichtelmännchen Haldemar weist den Weg auf dem Erlebnispfad.

Dann gelangt man zu **Experimentierstationen** mit Wasserkraft, einer Pirschroute, einem Baumtelefon, einem Dachsbau oder einem Summstein. Auf der Pirschroute muss man 15 Tiere aufspüren, bei der Hammerschmiede muss man mit reiner Muskelkraft pumpen und beim Dachsbau ist Mut gefragt: Wer traut sich, durch den Bau zu krabbeln und zu schauen, ob ein echter Dachs hier wohnt?

Das sind jedoch nur ein paar der insgesamt 18 spannenden Stationen. Und wer sich zwischendrin austoben möchte, kann sich an Seilen den steilen Hang nach oben hangeln oder auf Baumstümpfen balancieren üben. Am Ende geht es am Feld entlang zurück zum Ausgangspunkt an einem **Insektenhotel** vorbei, in dem man mit etwas Glück Übernachtungsgäste beobachten kann.

Der Erlebnispfad ist eine absolute Empfehlung, denn wegen seiner optimalen Länge und den abwechslungsreichen Stationen ist er auch für Kinder geeignet, die nicht mit rasender Begeisterung die Wanderschuhe schnüren. Auch ältere Kinder haben Spaß an den liebevoll gestalteten Stationen im Wald. Start und Ziel des Erlebnispfades ist bei der Tourist Information Oberharmersbach, wo man auch gut parken kann.

Gutes Schuhwerk ist von Vorteil, der Weg ist teilweise steil und an den Kletterstationen muss man sportlich aktiv werden. Mit dem Kinderwagen ist der Weg nur eingeschränkt machbar. Während der Spurensuche durch den Wald begleitet die ganze Zeit das Plätschern des Flüsschens **Harmersbach** den Weg. An heißen Sommertagen sollte einem Fußbad im kühlen Gewässer eigentlich nichts im Wege stehen!

Und wer die Spannung auf dem Weg steigern möchte, kann sich vorab im Internet unter www.oberharmersbach.de/Diplom_Flyer.pdf elf **Quizfragen** ausdrucken, die Hademar Waldwichtel zu den Stationen im Wald stellt. Daraus ergibt sich ein Lösungswort, das man unter oben genannter Adresse im Internet eingibt – als Belohnung winkt ein druckfrisches Diplom!

Ach so – wie gelangt das kleine Wichtelmännchen eigentlich zu seinem seltsamen Vornamen? »Hademar« ist abgeleitet aus dem Namen des Ortes Oberharmersbach, der ursprünglich Hademarspach hieß und so auch 1139 zum ersten Mal urkundlich erwähnt wurde.

■ **Hinweis:** *Über Hademar Waldwichtel gibt es sogar ein liebevoll illustriertes* **Kinderbuch**. *Der Waldwichtel lebt in der Geschichte mit seinen Eltern und seiner Schwester im Wohnturm an der Katzenhalde, der auch eine Station des Erlebnispfades ist. Auch die anderen Stationen spielen eine Rolle in der Handlung, sodass Kinder nach ihrem Besuch des Pfades die Buchgeschichte gut nachvollziehen können. Das Buch ist unter anderem bei der Tourist Information erhältlich und kostet 7,80 Euro.*

■ **Lage:** *Startpunkt: Tourist Information Oberharmersbach, Dorf 60, 77784 Oberharmersbach.*

■ **Öffnungszeiten:** *Jederzeit frei zugänglich.*

■ **Anfahrt:** *Ab Biberach über die L 94 über Zell am Harmersbach nach Oberharmersbach fahren.*

■ **ÖPNV:** *Mit der Ortenau-S-Bahn, die Offenburg mit Karlsruhe, Bad Griesbach und Freudenstadt verbindet, bis Bahnhof Oberharmersbach-Riersbach fahren.*

■ **Kontakt:** *Tel. (0 78 37) 2 77 (Tourist Information Oberharmersbach), www.oberharmersbach.de*

■ **Das Wasserkraftwerk dürfen die jungen Forscher in Betrieb nehmen.**

Geheimnisvolle Rabenschlucht

Ravennaschlucht, Breitnau/Hinterzarten

Majestätisch überspannen die Bögen des Viadukts den Fluss Ravenna.

»Ravenna« ist das altdeutsche Wort für »Raben«. Die Schlucht, von der hier die Rede ist, heißt also eigentlich »Rabenschlucht«. Das klingt ja allein schon abenteuerlich genug, wird aber noch getoppt: Die Schlucht ist ein **wilder Seitenarm des Höllentals**, eines 9 km langen, tief eingeschnittenen Tals zwischen Hinterzarten und Buchenbach-Himmelreich.

Erreichbar ist die Schlucht über das **»Hofgut Sternen«** das direkt an der B 31 liegt und ein kleines touristisches Konglomerat, bestehend aus einem Restaurant, einem Hotel, einem Souvenirshop und einer Glasbläserei, darstellt. Es heißt, im Hofgut hätten bereits Marie Antoinette und nur wenige Jahre später Johann Wolfgang von Goethe übernachtet. Für Kinder besonders interessant ist die große **Kuckucksuhr** an der Fassade des Shops. Zu jeder vollen Stunde meldet sich der Kuckuck mit der entsprechenden Uhrzeit. Im Anschluss drehen aus Holz geschnitzte Tanzpaare ihre Runden über den Balkon oberhalb des Ziffernblatts.

Nach dieser netten Darbietung folgt auch direkt das nächste Highlight: die etwa 40 m hohe **Ravennabrücke**. Sie ist ein 225 m langes Viadukt, das die **Höllentalbahn** von Freiburg nach Neustadt schnaubend überquert und dabei zwölf Höhenmeter bewerkstelligt. So wird das Flüsschen Ravenna an der Stelle passiert, an der es aus der Ravennaschlucht ins Höllental eintritt. Ehrfürchtig steht man unter den hohen Bögen, die gespenstisch bis in den Himmel zu ragen scheinen.

Danach beginnt das Abenteuer: Unter der Brücke hindurch über einen zunächst noch bequemen Wanderweg geht es vorbei an Froschtümpeln, an wuchtigen Felsklötzen, an tosenden Wildwasserbächen und über verwunschene Brückchen. So wird nach kurzer Zeit und einem steilen Aufstieg die **Großjockenmühle** erreicht. Hier wird das Wasser für die Mühle über ein Loch im Dach zugeführt. Während des Sommers kann man an Sonntagen die Mühle noch in Aktion erleben, die in den 1970ern nach einer Restaurierung wieder in Betrieb genommen wurde. Dieses Etappenziel ist ein möglicher Umkehrpunkt für nicht so strapazierfähige kleine Wanderer.

Ansonsten wird der Weg nach der Mühle zum Wurzelpfad und zunehmend wilder. Nun gilt es, Stege, Brücken und Treppchen zu überwinden und immer wieder die Seiten des Flusses Ravenna zu wechseln. An heißen Sommertagen ist die Schlucht ein Traum – dann sollten unbedingt Badesachen im Gepäck sein und die Kinder sollten ausgiebig an den idyllischsten Plätzen plantschen.

Wenn das Tal sich öffnet, kommt man aus dem unteren Teil der Schlucht heraus und findet zur Stärkung ein Selbstbedienungs-Gasthaus. Wieder eine gute Gelegenheit, den Rückweg anzutreten. Wer wanderwütige Kinder hat, kann mit ihnen noch zu der Aussichtskanzel **Piketfelsen** aufsteigen, die hoch über dem Höllental spektakuläre Blicke in die Tiefe bietet. Wer statt des Weges zurück einen Rundweg aus der Tour machen möchte, kann dies mit einem Abstecher nach Breitnau tun und kommt dann über den oberen Teil der Ravennaschlucht wieder zum Hofgut Sternen.

- **Lage:** *Höllsteig 76, 79874 Breitnau/Hinterzarten.*
- **Anfahrt:** *Aus Richtung Freiburg über die B 31 (Höllentalstraße) Richtung Hinterzarten, aus Richtung Titisee ebenfalls über die B 31 Richtung Kirchzarten fahren. Das Hofgut und die zahlreichen, kostenlosen Parkplätze befinden sich direkt an der B 31 (die Abfahrt ist gut ausgeschildert). Freiburg ist etwa 19 km entfernt.*
- **ÖPNV:** *Ab Bahnhof Hinterzarten mit dem Bus Linie 7216 nach Breitnau Kirche bis zur Haltestelle »Schmiedehäusle Breitnau«.*
- **Kontakt:** *Tel. (0 76 52) 1 20 60 (Hochschwarzwald Tourismus GmbH), www.hochschwarzwald.de*

Entlang des Wildwasserbachs führt der Weg durch die Schlucht.

Wasser marsch!

Schaffhausen, Schweiz

Es ist ein Ausflug über die Grenze in die Schweiz, der sich auf alle Fälle lohnt. Wann sonst hat man schon einmal Gelegenheit, den größten Wasserfall Europas aus so großer Nähe zu sehen, dass man ihn spürt – in Form des Sprühnebels, den seine tosenden Wassermassen unweigerlich verursachen. Der Wasserfall befindet sich auf den Stadtgebieten von **Neuhausen** und **Laufen-Uhwiesen**, 4 km westlich der Stadt Schaffhausen. Das Naturschauspiel hat beeindruckende Maße: 23 m ist der Wasserfall hoch und 150 m breit. Das Becken, in das er hineinstürzt, ist 13 m tief. Der Wasserfall ist etwa 14 000 bis 17 000 Jahre alt.

Der Rheinfall im schweizerischen Schaffhausen ist 23 m hoch.

Auf beiden Seiten des Rheins kann man **Aussichtsplattformen** erreichen, von denen aus man schöne Ausblicke auf den Rheinfall hat. Auf der Seite von Neuhausen liegt das **Schlösschen Wörth**. Das ist eine Burg auf einer kleinen Insel inmitten des Rheinfall-Beckens. Von dort aus kann man sich per Ausflugsboot ganz dicht an den Rheinfall heranfahren lassen. Wer ganz mutig ist, kann sich auch an einem Felsen im Becken absetzen lassen und die schmalen, steilen Treppen erklimmen, die zu einer Plattform am Wasserfall führen.

Daneben werden aber auch Ausflugsfahrten verschiedener Länge angeboten und es gibt eine Bootsfahrt zum **Schloss Laufen**, das auf einem Felsvorsprung über dem Wasserfall thront. Auch hier geht es wieder zu einer Aussichtsplattform mit Kontakt zum Wasserfall aus nächster Nähe. Am Felsen entlang hangelt sich ein **gläserner Lift** bis zum Becken des Wasserfalls. Eine spektakuläre Fahrt damit gefällig? Ein **Erlebnispfad** auf dieser Seite des Wasserfalls ergänzt das Angebot – leider ist alles kostenpflichtig (5 CHF pro Person). Abends wird der Rheinfall gelegentlich, aber nicht regelmäßig, beleuchtet und einmal im Sommer gibt es ein großes **Feuerwerk**.

Beeindruckendes Schauspiel: die Wassermassen des Rheinfalls.

An der Rheinschlinge und damit an der Kopfseite des Wasserfallbeckens gibt es einen Spielplatz und ein Restaurant. Von hier aus ist es auch nur ein kurzer Fußmarsch bis zum recht neuen **»Adventure Park Rheinfall«**, einem Hochseilgarten in den Baumwipfeln mit Blicken direkt auf den Wasserfall (Informationen unter www.ap-rheinfall.ch).

Ein kleines Zusatzerlebnis ist außerdem die Fahrt mit dem **City Train**. Das ist eine kleine Bimmelbahn, die Besucher durch die Schaffhausener Altstadt bis zum Rheinfall und zurück kutschiert. Rundwanderwege erschließen das ganze Gebiet um den Rheinfall, sodass man zwischen einfachen Spazierwegen und größeren Wanderungen entscheiden kann.

- **Anfahrt:** *Ab der Schweizer Autostraße A 4 ist die Zufahrt zum Rheinfall ausgeschildert.*
- **ÖPNV:** *Mit dem Zug bis Bahnhof Schaffhausen, dann mit dem Trolleybus der Linie 1 (City Train, siehe oben) Richtung Herbstäcker bis Haltestelle »Neuhausen-Zentrum«. Von dort zu Fuß der gelben Markierung folgen. Mit der Hochrheinbahn Konstanz–Basel bis Neuhausen Bahnhof fahren.*
- **Kontakt:** *Tel. (00 41 52) 6 32 40 20 (Schaffhausen Tourismus), www.rheinfall.ch*

Unter der Dusche

Todtnauer Wasserfall 

Ob wohl die ganzen Wassermassen in einen Mund hineinpassen?

In einem Liegestuhl direkt unter dem Sprühnebel zu liegen und auf die herabtosenden Wassermassen zu schauen – dieses kleine Abenteuer kann man am Todtnauer Wasserfall erleben, von dem es heißt, er sei der **höchste Naturwasserfall Deutschlands.** Dazu muss man seinen Liegestuhl nicht einmal mitbringen, denn zwei Holzliegen (sogenannte »Landsitze«) in der Größe XXL stehen beim Wasserfall in Felsen eingebettet bereit: Man muss nur noch darauf Platz nehmen und den Ausblick genießen.

Das Naturspektakel findet man **zwischen Todtnauberg und Aftersteg** und oberhalb von Todtnau. Ein Kiosk am Straßenrand und ein großer Parkplatz weisen den Weg. Dann geht es ein kurzes Stück durch den Wald und schon sieht man sich dem fast 100 m hohen Wasserfall gegenüber, der in Kaskaden in die Tiefe stürzt und vom **Stübenbach** gespeist wird. Danach rauscht das Wasser der Fälle weiter bergab. Viele romantische Holzbrückchen und Stiegen begleiten den Weg ins Tal hinein. Der Wasserfall steht unter Denkmalschutz und zählt zu den **zehn schönsten Naturdenkmälern Deutschlands.**

Im Sommer ist die Duscheinlage im Liegestuhl natürlich besonders erfrischend, aber auch im Winter ist der Wasserfall ein Erlebnis. Dann bilden sich im Wasser bizarre Eisformationen. Fantasie ist gefragt – wer sieht in den Eisskulpturen kleine Wesen oder Tiere? In ganz besonders eisigen Winternächten kann der Wasserfall sogar auch mal zu einem Riesen-Eiszapfen gefrieren – ein unbeschreiblicher Anblick!

Rund um den Wasserfall gibt es weitere Attraktionen. Etwa 300 m östlich der oberen Fallstufe thront ein geheimnisvoller Stein. Es ist ein Monolith, der **»Schatzstein«** genannt wird. Das Mystische an dem Stein sind die Schriftzeichen, deren Geheimnis bis heute nicht gelüftet ist, die vermutlich aber auf den

Standort einer ehemaligen Grube in der Umgebung hinweisen.

Nur wenige Meter vom Parkplatz des Wasserfalls entfernt gibt es den **Glasbläserhof** in Aftersteg. Hier kann man zuschauen, wie heute noch mit derselben Technik wie vor 2000 Jahren am Glasofen gearbeitet wird. Die Vorführungen werden von einem interessanten Vortrag begleitet. Im Museum wird die Geschichte der Glasherstellung erläutert, angefangen bei den Ägyptern bis hin zu den Schwarzwälder Glashütten. Man findet die Glashütte mit angeschlossenem Laden und Restaurant in der Talstraße 6, 79674 Todtnau-Aftersteg.

Lust auf eine Runde Fußmassage? Dann sind kleine und große Barfußläufer auf dem **Barfußpfad Muggenbrunn** in Todtnau-Muggenbrunn richtig. 600 m weit balanciert man über Baumstämme und ertastet mit den Füßen Naturmaterial wie Fichtenzapfen, Rindenmulch und Sand. An besonders heißen Tagen kann man die Füße im frischen Bergbach kühlen. Der Weg startet am Campingplatz Muggenbrunn, wo man in einem Regal Schuhe und Strümpfe deponieren kann. Die Barfuß-Tour kostet einen Unkostenbeitrag von lediglich einem Euro. Informationen erhält man unter (0 76 71) 96 96 90.

- **Lage:** *L 126, 79674 Todtnau-Aftersteg.*
- **Anfahrt:** *Über die L 126 oder die B 317 nach Todtnau fahren. Der Zugang über den Kiosk Aftersteg liegt etwas oberhalb von Todtnau an der L 126; Wasserfall und Parkplätze sind ausgeschildert.*
- **ÖPNV:** *Vom Busbahnhof in Kirchzarten mit dem Bus Linie 7215 Richtung Todtnau Busbahnhof oder Titisee-Neustadt bzw. Titisee Bahnhof mit dem Bus Linie 7300 fahren bis Haltestelle Aftersteg/ Wasserfall, Todtnau.*
- **Kontakt:** *Tel. (0 76 71) 96 96 95, www.bergwelt-suedschwarzwald.de (Tourismus GmbH zwischen Feldberg und Belchen).*

Relaxen auf Riesenliegen inklusive Wasserfall-Sprühnebel.

Naturerlebnis am Wasserfall

Triberger Wasserfälle

Es ist schon eine Naturgewalt, wie sich die Triberger Wasserfälle 163 m tosend den Hang herabstürzen. Dabei überwinden die Wassermassen der Gutach sieben Fallstufen. Sie werden als die **höchsten Wasserfälle Deutschlands** außerhalb der Alpenregion bezeichnet. Besonders rauschend ist das Erlebnis zu den Schmelzwasserzeiten und nach starken Regenfällen. Rechts und links neben diesem Naturspektakel ragen majestätisch hohe Schwarzwaldtannen empor, Granitblöcke und Felswände prägen außerdem die imposante Kulisse.

Auf der untersten Plattform erlebt man den Wasserfall am besten.

Von ganz unten hat man die beste Gesamtansicht von einer Aussichtsplattform aus, die man unmittelbar nach Passieren des Haupteingangs erreicht. Und zwischen all dem huschen Eichhörnchen kreuz und quer über die Wege und sind auf der Suche nach Essbarem. Dass sie damit bei den Besuchern erfolgreich sind, wissen sie längst …

Wer die Wasserfälle und die Kaskaden in näherem Kontakt erleben möchte, kann dies auf drei verschiedenen Wander- und Spazierwegen tun. Der kürzeste davon ist der **Kaskadenweg**, der nach der Plattform bis knapp oberhalb der zweiten Brücke über die Wasserfälle führt und etwa eine Dreiviertelstunde Gehzeit bedeutet. Etwas länger ist der **Kulturweg**, der auch an Sehenswürdigkeiten der Stadt wie dem Schwarzwaldmuseum und der barocken Wallfahrtskirche »Maria in der Tanne« vorbeiführt und über einen Spielplatz und den Hochseilgarten (siehe nebenstehend) durch den Wald zurück zur ersten Wasserfallbrücke führt. Hier muss man mit einer Stunde Gehzeit rechnen.

Für Kinder am spannendsten ist sicherlich der eineinhalb Stunden lange **Naturpfad**, der rechts und links des Wasserfalls durch den Wald führt und mit interessanten Informationstafeln versehen ist. Beispielsweise erfährt man, dass dank der Wasserkraft der Gutach Triberg als erste Stadt Deutschlands schon 1884 mit elektrischer Straßenbeleuchtung ausgestattet war. Und apropos Beleuchtung: Im Winter verwandeln sich die Wasserfälle in einen Weihnachtszauber. Dann sorgen 750 000 Lichter am Wasserfall für festliche Stimmung. Vom 25. bis 30. Dezember gibt es außerdem ein Programm mit Shows, Livemusik, Vorführungen und weihnachtlichen Gaumenfreuden (➜ siehe Tipp 65).

Aber auch das restliche Jahr über sind die Wasserfälle abends ab Einbruch der Dunkelheit bis 22 Uhr beleuchtet. Witterungsbedingt kann der Zugang vor allem im Winter auch mal geschlossen sein, deshalb bei kritischer Wetterlage lieber vorher anrufen und nachfragen, ob geöffnet ist: Tel. (0 77 22) 86 64 90. Im Winter sind prinzipiell nur die beiden unteren Teilstufen des Wasserfalls zugänglich (➜ siehe Tipp 65).

Wer die Wasserfälle im Sommer besucht, kann danach geradewegs zum **Naturerlebnispark** mit Baumhaus, Kultplatz, Felsenmeer und Hängebrücke weitergehen. Dort können sich die Jüngsten an den liebevoll gestalteten Spielgeräten austoben. Nicht weit entfernt befindet sich der **Natur-Hochseilgarten**, wo es in luftigen Höhen über schwankenden Untergrund geht und man mit Seilrutschen à la Tarzan durch den Wald schwirrt (Informationen unter www.forestfun.de; eine Stunde Klettern kostet neun Euro für Kinder bis 16 Jahre und elf Euro für Erwachsene).

Mit diesen Angeboten zusätzlich zu den Wasserfällen kann man hier einen erlebnisreichen und abwechslungsreichen Tag verbringen. Einziger Wermutstropfen: Die Stadt Triberg erhebt ein Eintrittsgeld für den Besuch dieses schönen Naturschauspiels (Abenteuerspielplatz und Hochseilgarten befinden sich außerhalb davon, können also auch unabhängig von den Wasserfällen besucht werden). Für den Weihnachtszauber gelten Sondereintrittspreise, ansonsten sind während des Winters die Eintrittspreise reduziert.

- **Lage:** *Wallfahrtstraße, 78098 Triberg.*
- **Öffnungszeiten:** *Ostern bis Ende Oktober täglich 9 bis 22 Uhr, Winter (witterungsabhängig) 10 bis 17 Uhr.*
- **Preise:** *Kinder (8–18 Jahre) € 2, Erwachsene € 3,50, Familienkarte (2 Erwachsene und mindestens 2 Kinder) € 8,50.*
- **Anfahrt:** *Ab Offenburg über die B 33 durchs Kinzigtal, über Hausach, Gutach und Hornberg nach Triberg. Aus Richtung Villingen-Schwenningen über Sankt Georgen nach Triberg.*
- **ÖPNV:** *Ab Bahnhof Triberg mit dem Bus Linie 7270 bis zur Haltestelle Triberg Marktplatz.*
- **Kontakt:** *Tel. (0 77 22) 86 64 90, www.triberg.de (Stadt Triberg).*

Auf Augenhöhe mit den Wipfeln

Baumkronenweg Waldkirch  

Hängebrücken und Kletternetze auf dem Abenteuerpfad.

Wie Tarzan von Baumwipfel zu Baumwipfel hangeln – nur nicht mittels Liane, sondern über eine Holz-Stahl-Konstruktion. Dieses Erlebnis gibt es beim Baumkronenweg Waldkirch, bei dem man in 23 m Höhe den Schwarzwald aus einer ganz neuen Perspektive betrachtet. Da tun sich plötzlich geheimnisvolle **Täler** (Elztal und Simonswälder Tal) und Blicke ins Rheintal und zum Kaiserstuhl auf, die man nur aus solch luftigen Höhen ergattern kann.

Vier **Aussichtstürme** bietet die abenteuerliche Konstruktion, die insgesamt 200 m lang ist und in der sich ein **Buchstabensuchspiel** versteckt. Auf dem Pfad beziehungsweise parallel dazu verlaufend befinden sich **interaktive Stationen**, die alle mit dem Wald und der Natur zu tun haben.

Der Baumkronenweg ist aber nur einer von mehreren Bestandteilen des gleichnamigen Areals. Es gibt außerdem einen **Sinnesweg**, auf dem man dem Wald und seinen Bewohnern nachspüren kann. Es gilt, Tierspuren zu entdecken, Bäume falsch herum wachsen zu sehen, über wackelige Hängebrücken zu balancieren oder Traumfänger aus Waldmaterialien zu basteln. Der Sinnesweg ist etwas mehr als 1 km lang und erstreckt sich über den gesamten Hang des Berges Kandel, an dem der Baumkronenweg angelegt ist. Deshalb sind auf diesem Weg auch ein paar Höhenmeter zu bewältigen. Man erreicht über den Sinnesweg vom Parkplatz auf der unteren Ebene aus den Baumkronenweg oben am Berg.

Nun gibt es noch einen **Waldspielplatz**, einen **Barfußpfad** und einen **Abenteuerpfad** mit Hängebrücken, Kletternetzen und Wackelbrücken und ganz neu auch ein tolles **Baumhaus mit Rutsche**. Zwischenzeitlich werden die Kids aber nur noch ein Ziel vor Augen haben: eine rasante Abfahrt mit der **Riesenröhrenrutsche**. Auf der Schussfahrt beweisen sich nur Wagemutige, denn die 190 m Länge kann man mit bis zu 40 Stundenkilometern zurücklegen.

Es ist die längste Hochgeschwindigkeits-Röhrenrutsche Europas. Das ist auch der Grund, warum man die Rutsche, die mit zwei Euro pro Person und Fahrt zusätzlich zum Eintrittspreis hinzukommt, erst ab acht Jahren benutzen darf. Ein Teppich, auf dem man sitzt und der eigens eine Tasche zum Verstauen der Füße hat, sorgt für noch mehr Geschwindigkeit. Bei Regen, Sturm und Gewitter wird die Riesenrutsche geschlossen.

Man sollte für den Baumkronenweg einen ganzen Tag einplanen. Vieles gibt es zu entdecken und zu unternehmen. Er ist ein richtiges Kleinod im Mittleren Schwarzwald. Wer den Tag mit einer Grillparty ausklingen lassen möchte, kann dies am **Grillplatz** im Eingangsbereich tun. Nach vorheriger telefonischer Anmeldung kann man einen Grillrost mieten und bekommt Holz und Grillanzünder gestellt. Das kostet für bis zu fünf Personen vier Euro, für jede weitere Person 50 Cent.

- **Lage:** *Areal Stadtrainpark und Hugenwald/Fohrenbühl, 79183 Waldkirch.*
- **Öffnungszeiten:** *Von April bis Oktober an Wochenenden, Feiertagen und in den Schulferien zu unterschiedlichen Zeiten geöffnet (siehe Homepage), Juni bis August 10.30 bis 19 Uhr, restliche Zeiten siehe Internet.*
- **Eintrittspreise:** *Kinder (5 bis 15 Jahre) € 4, Erwachsene € 5,50.*
- **Anfahrt:** *Von der Autobahn A 5 Ausfahrt 61 Freiburg-Nord nehmen und über die B 294 bis Waldkirch-West fahren oder aus Richtung Haslach/Kinzigtal über die B 294.*
- **ÖPNV:** *Vom Bahnhof Freiburg aus in 20 Minuten mit der Breisgau-S-Bahn (BSB) oder dem Südbadenbus 7206 (SBG) nach Waldkirch fahren. Dann in 10 Minuten zu Fuß zum Park. Aus östlicher Richtung ebenfalls mit der Bahn bis Freiburg fahren.*
- **Kontakt:** *Tel. (0 78 23) 96 12 79, www.baumkronenweg-waldkirch.de*

Interaktive Stationen zur Erforschung der Waldtiere warten.

Die verwunschene Klamm

Löffingen-Bachheim

Tausend Wege führen ja bekanntlich nach Rom und mindestens genauso viele in und durch die Wutachschlucht. Und so viele Wege und Pfade hindurchführen, so viele Zugangsmöglichkeiten gibt es auch. Doch damit nicht genug – die Wutachschlucht kreuzen weitere Schluchten, die über abenteuerliche Wege und Steige miteinander verbunden sind.

Eine besonders erlebnisreiche Möglichkeit, die Schlucht kennenzulernen, ist der **3-Schluchten-Pfad**. Dann stehen die **Wutachschlucht**, die **Gauchachschlucht** und die **Engeschlucht** auf dem Programm. Hier erlebt man auf schmalen Pfaden die wilde Landschaft mit ihren bizarren Felsformationen. Immer wieder führt der Weg direkt ans Wasser heran, sodass die Kinder eine Bade-Olympiade in die Wanderung einbauen können. Herrliche Plätze zum Picknicken am Wasser gibt es ebenfalls, irgendwo ist immer ein Felsen frei, auf dem man sich ausbreiten kann.

Tapfere junge Wanderer werden die 12 km Wegesstrecke mit Leichtigkeit bewältigen. Die Wege sind so abwechslungsreich, dass man die Länge der Strecke gar nicht bemerkt. Es geht nicht nur über Stock und Stein, sondern auch eng an Felswänden entlang, hoch über der Schlucht (gespannte Drahtseile bieten Halt) und über romantische Holzbrückchen und abenteuerliche Stiegen hinauf und hinab. Breite, langweilige Wanderwege gibt es hier nicht, jeder noch so erklärte Wandermuffel wird diese Schlucht genießen.

Wer trotzdem abkürzen möchte, spart die Engeschlucht aus und geht nach einer überdachten

Immer wieder wird die Wutach auf Holzbrücken überquert.

Holzbrücke, unter der sich schöne Plätze am Wasser befinden, aus der Schlucht wieder heraus. Damit sind etwa 4 km Wegstrecke gespart. Wer durchhält, wird an der **»Burgmühle«** am Eingang zur Engeschlucht belohnt, einem Wanderheim, das vom Eis bis zum Schnitzel alles bietet, womit man für den Restweg wieder zu Kräften kommt.

Die Engeschlucht sollte man aber möglichst nicht weglassen. Der Name ist Programm, denn teilweise ist es wirklich eng, aber auch wild, steil und es gibt viel zu entdecken rechts und links neben den schmalen Pfaden. Vieles ist verwildert und weckt deshalb die Abenteuerlust der Wandersleute noch einmal am Ende der Tour. Steile Holzleitern sind zu erklimmen und wackelige Stege zu überqueren.

Der Startpunkt für die 3-Schluchten-Tour ist der **Wutach-Wanderparkplatz** bei der Drei-Schluchten-Halle in **Bachheim**. Dort gibt es einen Spielplatz und Wandertafeln mit drei verschiedenen Wandermöglichkeiten von ganz kurz (2 km) bis zur oben beschriebenen langen Version. Eine detaillierte Auflistung aller Wanderwege durch die Schlucht findet man unter www.wutachschlucht.de. Für alle Wanderungen in der Schlucht wird festes Schuhwerk empfohlen und Trittsicherheit ist vonnöten.

Abenteuer auf steilen Leitern und Stiegen in der Engeschlucht.

■ **Hinweis:** *An warmen Sommertagen kann man Teile der Wanderung auch als Flusswanderung unternehmen. Dann einfach die Wanderschuhe gegen ein Paar Badeschuhe austauschen und ab ins kühle Nass!*

■ **Lage:** *Start beim Wanderparkplatz bei der Drei-Schluchten-Halle, 79843 Löffingen-Bachheim.*

■ **Anfahrt:** *Ab Titisee-Neustadt über die B 31 Richtung Donaueschingen fahren. In Unadingen abbiegen und bis Bachheim fahren. Die Wutachschlucht ist sehr gut ausgeschildert.*

■ **ÖPNV:** *Mit der Bahn bis Bahnhof Bachheim fahren und von dort 20 Minuten bis zum Ausgangspunkt gehen oder mit dem Südbadenbus 7259 von Löffingen bis Haltestelle »Drei-Schluchten-Halle Bachheim« (nur Samstag, Sonntag und Feiertag).*

■ **Kontakt:**
www.hochschwarzwald.de oder www.wutachschlucht.de

Erlebnis Museum

Langweilig, verstaubt, nichts für Kinder? Nicht im Schwarzwald! Hier ist ein Museum wirklich ein Erlebnis! Sei es das Modellbahnzentrum, die Glashütte, in der man beziehungsweise kind selbst Vasen blasen kann, oder das Freilichtmuseum – kindgerechte Museen sind im Schwarzwald ein Markenzeichen. Da kann man sich fast freuen, wenn mal kein gutes Wetter ist ...

Die Narren sind los

Fastnachtsmuseum Narrenschopf, Bad Dürrheim

Hakennase, Hörner, finsterer Blick: Die Hexenmasken sind gruselig.

Manche Gestalten in den Fastnachtsumzügen können einen schon einmal das Gruseln lehren. Besonders den typisch alemannischen Hexen mit ihren großen Hakennasen, den Hörnern und dem finsteren Gesichtsausdruck mag man nicht zu nahe kommen. Umso besser, wenn man sich die »Narrenschöpfe« einmal aus der Nähe anschauen kann, ohne befürchten zu müssen, mit dem Hexenbesen was auf den Popo zu kriegen!

Und diese Betrachtung in Ruhe ist im Fastnachtsmuseum Narrenschopf möglich. Vor allem lokale Narren sind hier zu bewundern, wie der »Bräunlinger Stadthansel« oder der »Bonndorfer Pflumeschlucker«. Aber auch weit über die Grenzen des Schwarzwaldes hinaus wurden Vertreter der regionalen Narren in dieses Museum entsandt. Lebensgroß und deshalb beeindruckend, aber eben nur als Puppen, sind die verschiedenen Fastnachtsfiguren mit ihren Masken ausgestellt.

Fast **300 Narrenfiguren** sind auf 1200 Quadratmetern Ausstellungsfläche zu bewundern. Es ist das größte Museum zum Thema **Schwäbisch-Alemannische Fastnacht.** 2012 wurde das Museum umfangreich saniert und nach museumspädagogischen Aspekten umgestaltet. **Interaktive Stationen und medialer Einsatz** vermitteln ein lebendiges Bild der Schwäbisch-Alemannischen Fastnacht.

Das Ambiente ist dabei so originell wie das Museum an sich. Allein

Woran erinnert wohl diese ungewöhnliche Dachkonstruktion?

die Gebäude sind sehenswert. Es handelt sich um drei Kuppeln (sogenannte »Museumsschöpfe«), die von weitem betrachtet wie die Pickelhaube des Wachtmeisters Dimpfelmoser vom Räuber Hotzenplotz aussehen. Amüsant werden die verschiedenen **Fastnachtsbräuche** der einzelnen Fastnachtslandschaften und die Fastnachtskultur dargestellt.

Neben den Masken sind auch **närrische Kleider** bis zurück ins 17. Jahrhundert ausgestellt. Das stellt natürlich einen besonders eindrucksvollen Kontrast zum modernen Umfeld des Museums dar. Um einen noch tieferen Einblick in diese eigene Themenwelt zu erhalten, kann man an einer Führung teilnehmen, für die man sich vorher anmelden muss. Diese kostet 29 Euro und kann auch außerhalb der Öffnungszeiten stattfinden.

- **Lage:** *Luisenstraße 41, 78073 Bad Dürrheim.*
- **Öffnungszeiten:** *Dienstag bis Samstag 14 bis 17.30 Uhr, Sonn- und Feiertag 10 bis 17.30 Uhr. Zwischen 1. November und 30. April bis 17 Uhr.*
- **Eintrittspreise:** *Kleinkinder (3 bis 6 Jahre) € 1, Kinder (ab 6 Jahre) € 4, Erwachsene € 6, Familienkarte (Eltern mit max. 2 Kindern) € 13.*
- **Anfahrt:** *Ab Villingen-Schwenningen der Beschilderung nach Bad Dürrheim folgen. Das Fastnachtsmuseum befindet sich im Kurpark.*
- **ÖPNV:** *Von Donaueschingen Busbahnhof mit dem Bus Linie 7275 nach Bad Dürrheim, Busbahnhof. Durch die Luisenstraße geht es zum Kurpark.*
- **Kontakt:** *Tel. (0 77 26) 97 76 01, www.narrenschopf.de*

Reise in frühere Jahrhunderte

Schwarzwälder Freilichtmuseum Vogtsbauernhof

Es ist ein unbestrittenes Highlight im Mittleren Schwarzwald und auch wenn es nicht gerade ein Geheimtipp ist – man muss einmal in diesem Erlebnismuseum gewesen sein. Staunend stehen Kinder nicht nur vor den alten **Bauernhäusern**, die in ihrem klobigen Erscheinungsbild schon eine ganz eigene Faszination ausüben, sondern freuen sich auch an Kühen, Schweinen, Ziegen, Schafen und Hühnern, die einen »richtigen« Bauernhof erst komplett machen.

Für kleine Technikfreaks sind die **Mühle** mit ihrem Wasserrad oder die alte, noch funktionstüchtige **Klopfsäge** ein Hit. Aber auch die Hammerschmiede, die **Ölmühle** oder die **Getreidemühle** werden die Kinder zum Staunen bringen. Manche der Gebäude sind original an dieser Stelle erbaut worden, beispielsweise das **Back- und Brennhaus**, das seit 1870 zum Vogtsbauernhof gehört. Andere waren an ganz anderen Stellen überall im Schwarzwald im Einsatz, wurden dort abgebaut und auf dem Gelände des Freilichtmuseums wieder errichtet. Das gibt dem Bauernhof sein authentisches Erscheinungsbild.

Wer mit der Technik durch ist, kann die einzelnen Bauernhöfe besuchen, die zum Teil stolze 400 Jahre alt sind. Man erfährt, wie die Höfe heißen und wo sie ursprünglich gestanden haben. Den Kindern wird auf diese Weise nahegebracht, wie man früher gelebt hat: Wie sah die Wohnstube aus, wie konnte man sich mit einfachen Mitteln einrichten, wie haben die Bauernfamilien geschlafen? Zu jedem Haus gehört außerdem ein prachtvoller Garten nach historischem Vorbild. Es erscheint heute fast unmöglich, dass man sich vor noch hundert Jahren fast ausschließlich von den Erträgen dieser Gärten ernährt hat.

Es ist nicht schwer, einen ganzen Tag auf dem Vogtsbauernhof

Das typische Schwarzwälder Bauernhaus mit Walmdach.

zuzubringen, ohne dass es nur eine Sekunde langweilig wird. Wer sich zwischendurch ein wenig austoben möchte, kann dies auf dem neuen Erlebnisspielplatz tun, auf dem man klettern, auf dem Wasserspielplatz Staudämme bauen oder über wacklige Hängebrücken balancieren kann. Im Museumsrestaurant »Zum Hofengel« kann man sich anschließend stärken.

Was einen Besuch des Vogtsbauernhofs noch einmal so interessant und attraktiv macht, sind jedoch die täglich und wöchentlich wechselnden Angebote für die Besucher. In Form von **Veranstaltungen, Sonderführungen und offenen Werkstätten** werden vor allem Kinder intensiv ins Bauernhofleben integriert und unternehmen eine aktive Zeitreise. Besonders die offenen Werkstätten sind ein Mitmachangebot, das sich an Kinder richtet.

Da werden Halsketten gebastelt oder Seile gedreht, Schwarzwaldmädels erschaffen oder Papier geschöpft. Im Internet sollte man sich über das ständig wechselnde Programm vorab informieren und je nach Angebot einen Tag für den Besuch festlegen. Jeder darf natürlich seine Kreationen mit nach Hause nehmen. Angeleitet werden die Werkstätten immer von Fachpersonal. Die offenen Werkstätten werden von Mai bis September jeden Sonntag von 11 bis 16 Uhr angeboten.

Ergänzt wird das Programm mit täglichen, **kostenlosen Führungen** durch das ganze Museum. Jeder Besucher kann sich aber auch mit einem **Audioguide** selbständig auf den Weg machen (erhältlich im Empfangs- und Ausstellungsgebäude) und drei Mal am Tag hat man die Gelegenheit, sich die Mühle in Aktion anzuschauen. Und schließlich gibt es als letztes Highlight noch die Möglichkeit, während der Oster-, Sommer- oder Herbstferien an einem **Ferienprogramm** teilzunehmen. Dann wird gefilzt, Kräuter werden hergestellt und es stehen Kinderspiele auf dem Programm, die Kinder vor vielen Jahren schon gespielt haben. Ende August gibt es schließlich ein großes Kinder- und Familienfest im Freilichtmuseum.

- **Lage:** *Hauptstraße, 77793 Gutach (Schwarzwaldbahn).*
- **Öffnungszeiten:** *Ende März bis Anfang November täglich von 9 bis 18 Uhr, im August bis 19 Uhr.*
- **Eintrittspreise:** *Kinder (6 bis 17 Jahre) € 4,50, Erwachsene € 8.*
- **Anfahrt:** *Das Freilichtmuseum liegt direkt an der B 33 zwischen Hausach und Gutach (Schwarzwaldbahn), Richtung Hornberg rechter Hand, Richtung Hausach linker Hand.*
- **ÖPNV:** *Ab den Bahnhöfen Hausach oder Hornberg mit dem Bus Linie 7150 nach Gutach; die nächstgelegene Haltestelle heißt »Vogtsbauernhof«.*
- **Kontakt:** *Tel. (0 78 31) 9 35 60, www.vogtsbauernhof.de*

Eisenbahn-Wunderland

Schwarzwald Modellbahn

»Hausach Bahnhof, bitte aussteigen!« Aber Moment mal, das sieht ja wirklich aus wie der Hausacher Bahnhof? Und er ist es auch! Genau wie auch die Bahnhöfe von Hornberg und Triberg auf der Modelleisenbahn-Anlage vertreten sind, die im Maßstab 1:87 die umgebende Schwarzwaldlandschaft nachbildet. Die Streckenführung entspricht der der »großen« **Schwarzwaldbahn** (siehe Vorwort).

Es ist die **größte Modellanlage nach realem Vorbild in ganz Europa**. Und dabei wirkt die gemalte Kulisse ebenso echt und greifbar wie die historischen und aktuellen Züge, die durch Tunnels und über Viadukte rattern und dabei beachtliche Höhenmeter zurücklegen müssen. Der doppelstöckige, moderne Regionalzug fügt sich genauso selbstverständlich ins Landschaftsbild wie die qualmende Dampflok oder der Güterzug.

50 000 Miniatur-Tannenbäume wurden verarbeitet, um eine realistische **Schwarzwaldkulisse** darzustellen. Davor spielen sich Alltagsszenen ab: Spielende Kinder, Wanderer, Bauern auf ihren Trak-

Sieht aus wie vor der Tür: der Schwarzwald en miniature!

toren oder Besucher eines Sommerfestes tummeln sich zwischen Regionalbahnen und Dampflokomotiven. Auch Lkw sind unterwegs, es gibt Baustellen und Arbeiten mit Baggern im Steinbruch. Wer die Originalstrecke schon einmal gefahren ist, kann nach bekannten Details Ausschau halten.

Auf einer Fläche von 400 Quadratmetern gibt es jede Menge zu schauen und zu bestaunen. Es lohnt sich auch, die Anlage öfter zu besuchen, denn manche versteckte Szene entdeckt man erst beim zweiten oder dritten Mal. Faszinierend für Kinder sind zwei **Gleiswendel**, in denen sich die Züge nach oben schrauben und dann in einer Röhre über dem Eingang über die Besucherköpfe hinwegfahren.

- **Lage:** *Eisenbahnstraße 52a, 77756 Hausach.*
- **Öffnungszeiten:** *Anfang April bis Ende Oktober täglich außer Montag 10 bis 18 Uhr, Anfang November bis Ende März Mittwoch bis Sonntag 10 bis 17 Uhr.*
- **Eintrittspreise:** *Kinder (4 bis 10 Jahre) € 3,50, Erwachsene € 6,50, Familienkarte (Eltern mit eigenen Kindern) € 18,50.*
- **Anfahrt:** *Ab Hausach den braunen Hinweisschildern folgen.*
- **ÖPNV:** *Mit der Schwarzwaldbahn bis Bahnhof Hausach. Die Schwarzwald-Modellbahn befindet sich direkt gegenüber des Bahnhofs.*
- **Kontakt:** *Tel. (0 78 31) 96 60 10, www.schwarzwald-modell-bahn.de*

Man kann stundenlang schauen und entdeckt immer wieder Neues.

Wie vor 600 Jahren

Freilichtmuseum Klausenhof

Das soll eines der ältesten Schwarzwaldhäuser sein? Man glaubt es kaum! Aber tatsächlich wurde der Klausenhof im vorderen **Hotzenwald** bereits 1424 erbaut. Zwischenzeitlich drohte er natürlich aufgrund seines hohen Alters zu zerfallen, wurde aber aufwändig und liebevoll restauriert und renoviert und erstrahlt jetzt in neuem Glanz – als ob die letzten Bewohner eben erst ausgezogen wären. Viele Details, die ein historisches Schwarzwaldhaus ausmachen, sind erhalten geblieben. So ist beispielsweise das Dach des Wohn- und Wirtschaftsteils auch heute noch mit Stroh bedeckt.

Das fast 600 Jahre alte Haus ist immer noch mit Stroh bedeckt.

Zu besichtigen gibt es in diesem als Freilichtmuseum aufgemachten Hof das **Bauernhaus** mit Einrichtung, ein **Sägewerk**, eine **Schmiede**, ein **Backhaus** und einen **Bauerngarten**. Außerdem kann man in einen **Wagenschopf** hineinspähen, dem Vorgänger der modernen Garage. Man kann die einzelnen Gebäude von außen und innen besichtigen und erhält so interessante und spannende Einblicke in das Leben und Arbeiten hier im Schwarzwald vor 600 Jahren.

Mit sehr viel Liebe zum Detail ist es den Restauratoren gelungen, dass man sich in diese vergangenen Zeiten zurückversetzt fühlt. Man meint, jeden Moment müsse die Tür aufgehen und der Schmied käme herein, um sich an die Arbeit zu machen, oder der Bäcker kümmere sich um die Versorgung des Dorfes mit Brot. Die von außen so tadellos hergerichteten Gebäude lassen nicht einmal erahnen, um wie viele Jahrhunderte man bei der Besichtigung des Inneren zurückversetzt wird.

Zur Hofanlage gehört auch eine alte Säge, die sogenannte **Lindauer Säge** aus dem Jahr 1595, die noch bis 1950 in Betrieb war. Theoretisch würde sie auch heute noch funktionieren. Zu der spannenden handwerklichen und landwirtschaftlichen Zeitreise kommen interessante **Veranstaltungen** rund um den Klausenhof: Es finden **Märkte** (z. B. der Entenmarkt und der Weihnachtsbrauchtumsmarkt) und **Lesungen** statt, **Wanderungen** werden angeboten und in direkter Nachbarschaft gibt es eine **Freilichtbühne**. Informationen darüber findet man unter www.freilichtbuehne-klausenhof.de. Ebenfalls in direkter Umgebung lädt die **Glaswerkstatt Herrischried** dazu ein, den Glasbläsern über die Schultern zu schauen (genau gegenüber vom Freilichtmuseum, Informationen unter www.glaswerkstatt-herrischried.de).

- **Lage:** *Am Gerhard-Jung-Platz 1, 79737 Herrischried-Großherrischwand.*
- **Öffnungszeiten:** *Januar bis April Sonn- und Feiertag 14.30 bis 17.30 Uhr, Mai bis Oktober Mittwoch, Samstag, Sonn- und Feiertag 14.30 bis 17.30 Uhr.*
- **Eintrittspreise:** *Kinder (ab 6 Jahre) € 1, Erwachsene € 3.*
- **Anfahrt:** *Von der B 31 die Ausfahrt Richtung Sankt Peter/Stegen/Todtnau/Oberried/Kirchzarten nehmen, dann über die L 126 Richtung Herrischried.*
- **ÖPNV:** *Mit dem Zug nach Todtmoos, dann mit dem Bus Linie 7328 bis Haltestelle Herrischried-Großherrischwand Klausenhof.*
- **Kontakt:** *Tel. (0 77 64) 61 62, www.herrischried.de*

Inmitten des herrlichen Bauerngartens steht ein Backhaus.

Die doppelte Wunderwelt

MiMa – Mineralien- und Mathematikmuseum

Einer von vielen schönen Steinen im Museum: Achat mit Quarzdruse.

Wie passen Mathematik und Mineralien zusammen? Was haben die Mineralien aus dem Schwarzwald, speziell der Region um das Museum herum, mit geometrischen Gebilden der Mathematik zu tun? Offenbar sehr viel, ist die Aussage dieses besonderen Museums, in dem verschiedene **Installationen** und **interaktive Stationen** die beiden Fachgebiete eindrucksvoll miteinander verschmelzen lassen.

Beide Themenbereiche kann man aber natürlich auch getrennt voneinander betrachten, je nach persönlichem Interesse. Allein zwölf Räume sind für den Themenbereich Mineralien vorgesehen, wobei die **Grube Clara** (➜ siehe Tipp 41) eine bedeutende Rolle spielt. Ein maßgeschneidertes Modell der Grube, ein Videofilm dazu sowie Computerprogramme lassen die Grube hier im Museum lebendig werden. Und wer von den jungen Mineralienforschern weiß, was ein Binokular ist? Es ist ein optisches Instrument, das ein dreidimensionales Betrachten eines Gegenstands ermöglicht. Das ist bei einem Gestein

Wie mit Zauberhand kann man hier selbst Symmetrien erzeugen.

für die Kids besonders eindrucksvoll, wie hier im Museum zu sehen ist. Noch faszinierender ist das UV-Kabinett, in dem fluoreszierende Steine im Dunkeln leuchten.

Teil der mathematischen Ausstellung ist die 2008 preisgekrönte Ausstellung **IMAGINARY**, die sich mit interaktiver Mathematik befasst. Hier kann jeder seine eigenen Erfahrungen mit der Mathematik machen und beispielsweise das Doppelpendel schwingen lassen, um das Chaosmodell zu beobachten oder sich über das knifflige Penrose Puzzle den Kopf zu zerbrechen, bei dem ein Pseudokristall geschaffen werden soll – eine echte Herausforderung auch für Mama und Papa.

Durch die vielen Mitmachstationen mit zum Teil erstaunlichen Effekten werden Kinder aller Altersstufen angesprochen. Ob es das Malen von Mustern ist oder ein interaktiver Flug durch Quarz- und Diamantkristalle – der Experimentierfreude werden keinerlei Grenzen gesetzt.

Schließlich gibt es noch einen **Medienraum**, in dem Filme beispielsweise über den Abbau in der Grube Clara gezeigt werden. Für einen Aufpreis von zwei Euro kann man sich einen **Audioguide** ausleihen und damit seine eigene Museumstour starten.

- **Lage:** *Schulstraße 5, 77709 Oberwolfach.*
- **Öffnungszeiten:** *Mai bis Oktober täglich 11 bis 17 Uhr und Mitte Dezember bis April täglich 11 bis 16 Uhr.*
- **Eintrittspreise:** *Kinder (ab 6 Jahre) € 3, Erwachsene € 5, Familienkarte (2 Erwachsene mit unbegrenzter Kinderzahl) € 12.*
- **Anfahrt:** *A 5 Ausfahrt Offenburg, dann Richtung Villingen-Schwenningen und Wolfach fahren (45 km ab der Autobahnausfahrt). Ab Villingen-Schwenningen über Sankt Georgen, Hornberg und Gutach auf der B 33 nach Wolfach fahren (48 km ab Villingen-Schwenningen).*
- **ÖPNV:** *Von Wolfach Bahnhof mit dem Bus Linie 7266 Richtung Freudenstadt fahren bis Oberwolfach Kirche. Von dort sind es 5 Minuten Fußweg zum Museum.*
- **Kontakt:** *Tel. (0 78 34) 94 20, www.mima.museum/*

Der Südschwarzwald in Mini

Modellbahnzentrum Schluchsee

Wer im Südschwarzwald Urlaub macht, ist sicher schon mit der **Höllentalbahn** (➜ siehe Tipp 36) oder der **Dreiseenbahn** (➜ siehe Tipp 36) in Berührung gekommen. Wer hier wohnt, erst recht. Aber diese Begegnung fand sicherlich im Maßstab 1:1 statt. Ganz anders ist die Begegnung im Modellbahnzentrum am Schluchsee. Zwar finden sich auch hier »originale« Streckenabschnitte aus dem Höllental und der Dreiseenbahn, aber sehr viel kleiner als »in Echt« – nämlich als Modelleisenbahn.

35 Züge drehen munter ihre Runden auf zwei verschiedenen Anlagen des Modellbahnzentrums, vom Güterzug über den Personenzug bis zum ICE, der über eine beeindruckende Brücke donnert. Um dem regen Zugverkehr nicht nur zuschauen zu müssen, können die Besucher per Knopfdruck auch selbst Funktionen in Bewegung setzen. Daraufhin drehen sich Mühlräder, Seilbahnen fahren und auf den Baustellen wird gearbeitet. Währenddessen zuckelt der Autoverkehr an den Landstraßen entlang, die aufwändig und mit viel liebevollen Details gestaltet sind. Bei alldem wechseln die Tageszeiten, sodass man das ganze Szenario auch bei Nacht und hübsch beleuchtet erleben kann.

Während die Höllentalbahn zwischen Freiburg und Titisee und die

Moderner, doppelstöckiger Zug vor »echter« Schwarzwaldkulisse.

Sieht täuschend echt aus! Eine Unfallszene auf der Bahnanlage.

Dreiseenbahn als Fortsetzung bis zum Schluchsee auf einer HO-Anlage zu bewundern sind, gibt es eine zweite, kleinere N-Anlage. Auf dieser ist ein elfgleisiger, dem Bonner Bahnhof nachempfundener Hauptbahnhof die Hauptattraktion. Hochgeschwindigkeitszüge und alte Güterzüge wetteifern um die Aufmerksamkeit der Besucher. Auf der HO-Anlage geht es über den Schwarzwald hinaus sogar in die Schweiz, wo ein zauberhaftes Alpenpanorama die Kulisse für Züge der deutschen, österreichischen und Schweizer Bahnen bildet. Und geografisch gesehen überraschend kommt dann auch noch Hamburg zum Zug – im wahrsten Sinne des Wortes.

Für Kinder ist ein Besuch des Modellbahnzentrums auf alle Fälle ein Erlebnis. Eine zusätzliche Bereicherung bietet dann noch die **Schnitzeljagd**, bei der man detektivisch nach Details auf der Modellanlage suchen muss. Wo ist das Martinstor in Freiburg und wo ist gerade ein Handtaschendieb am Werk? Im Internet kann man unter dem Menüpunkt »Schnitzeljagd Kinder« vorab schauen, nach was man suchen muss. Hat man die gesuchten Szenen gefunden, trägt man die zugehörigen Nummern in einen Plan der Modellanlage ein. Ob die Eltern wohl eine Chance haben, wenn sie sich in den Such-Wettbewerb mit den kleinen Spürnasen begeben?

- **Lage:** *Eisenbreche 4, 79859 Schluchsee-Blasiwald.*
- **Öffnungszeiten:** *August täglich außer Freitag 11 bis 18 Uhr, ansonsten unregelmäßige Öffnungszeiten, aktuelle Zeiten siehe Internet.*
- **Eintrittspreise:** *Kinder (6 bis 16 Jahre) € 2,50, Erwachsene € 4, Familienkarte € 10.*
- **Anfahrt:** *Über die B 500 bis zum Schluchsee fahren. Dort über die Orte Schluchsee und Seebrugg fahren, danach der B 500 weiterfolgen, bis rechts die Straße Loch/K 4966 abzweigt. Dieser bis zum Modellbahnzentrum etwa 1,5 km folgen.*
- **ÖPNV:** *Mit der Dreiseenbahn ab Titisee bis Seebrugg Bahnhof am Schluchsee fahren, dann mit dem Bus Linie 7319 Richtung Sankt Blasien bis Eisenbreche, Schluchsee-Blasiwald, weiterfahren.*
- **Kontakt:** *Tel. (0 76 56) 98 84 01, www.modellbahnzentrum.com*

Die Uhr zurückdrehen

Auto- und Uhrenmuseum ErfinderZeiten

Eine BMW-Isetta, das Goggomobil oder der Messerschmitt Kabinenroller sind für Kinder Fahrzeuge wie von einem anderen Stern. Unvorstellbar für den Nachwuchs, dass diese Gefährte vor nur 50 Jahren und zu Zeiten der Großeltern im Straßenverkehr gang und gäbe waren. Nicht nur das lustige Gefährt mit der Tür, die nach vorne aufgeht, gibt es im Museum ErfinderZeiten zu bestaunen. Vielmehr wird auf fünf Ebenen ein Kompletteindruck der Fahrzeugwelt und der Zeitgeschichte zwischen Kriegsende und den 1970er Jahren gewährt.

Das Automuseum ist unterteilt in die Zeitabschnitte **Improvisationsjahre**, die direkt nach 1945 mit der Bewältigung des Alltags zu Notzeiten starten, gefolgt von der **Wiederaufbauzeit** in den 1950er Jahren mit Kleinwagen und Zweirädern und schließlich die **Wirtschaftswunderzeit** mit dem legendären VW Käfer und dem Wohlstand für alle. Es ist erstaunlich, wie rasant die technischen Möglichkeiten in nur wenigen Jahrzehnten vorangeschritten sind.

Nicht minder skurril müssen für die Kinder die **Uhren** des Museums sein. Hier kann man die Uhr im wahrsten Sinne des Wortes zu-

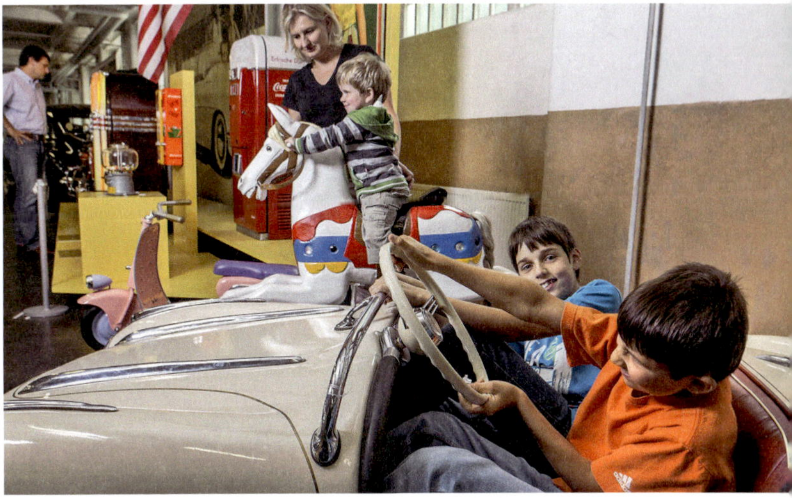

Viel Nostalgisches gibt es im Museum zu entdecken.

rückdrehen. Natürlich erhalten die Schwarzwälder Uhren im Museum besondere Aufmerksamkeit, da sie in mühevoller Handarbeit und vor 200 Jahren noch als Holzuhren gefertigt wurden. Den Alltag eines Uhrmachers kann man in einer nachgebildeten Uhrmacherwerkstatt erleben und die Entwicklung der Uhrenproduktion von der mechanischen Fertigung bis hin zur Massenherstellung nachverfolgen. Man kann sich sowohl die Zeitmessung bei den Olympischen Spielen 1972 in München anschauen als auch die erste Funkarmbanduhr, die es 1990 gab.

Um die Zeitspuren, auf denen man im Museum wandelt, noch ein wenig begreiflicher zu machen, sind Alltagsszenen nachgebildet, z. B. ein **Tante-Emma-Laden** – die Einkaufssituation dürfte Kindern zumindest aus dem Spiel mit dem Kaufladen bekannt sein. Aber auch Einblicke ins Wohnen, Kochen oder die Mode der Nachkriegszeit sind hilfreich, um sich den Erfindungsreichtum der zweiten Hälfte des 20. Jahrhunderts zu verdeutlichen. So wird die Geschichte in diesem noch recht neuen Museum anschaulich und spielerisch zum Leben erweckt und hat nichts Staubiges oder Langweiliges!

Es lohnt sich, auf der Homepage des Museums unter dem Button »Veranstaltungen« einmal nachzuschauen, welches **Sonderprogramm** das Museum gerade anbietet. 2012 bis 2013 lief beispielsweise ein Jahr lang die Sonderausstellung »100 Jahre Renn- und Autobahnen fürs Kinderzimmer«.

■ **Hinweis:** *Nur einen Steinwurf entfernt befinden sich* **drei weitere Museen** *in Schramberg, die zusammen mit ErfinderZeiten eine sogenannte* **Museumsmeile** *bilden: Die* **Autosammlung Steim** *mit einer Sammlung vom Oldtimer bis zum modernen Sportwagen, das* **Dieselmuseum**, *in dem sich alles um den gleichnamigen Motor dreht, und ganz neu das* **Eisenbahnmuseum Schwarzwald** *mit der weltgrößten Spur-2-Sammlung. Auf der 400 Quadratmeter großen Fläche der Schauanlagen kann man selbst einige Funktionen bedienen und auslösen.*

■ **Lage:** *Gewerbepark H.A.U. 3/5, 78713 Schramberg.*

■ **Öffnungszeiten:** *Mitte März bis Ende Oktober Dienstag bis Sonntag 10 bis 18 Uhr, Anfang November bis Mitte März Dienstag bis Sonntag 10 bis 17 Uhr.*

■ **Eintrittspreise:** *Kinder (6 bis 15 Jahre) € 3, Erwachsene € 5, Familienkarte € 14.*

■ **Anfahrt:** *Die B 462 führt aus nördlicher und östlicher Richtung nach Schramberg. Dort innerhalb der Stadt Richtung Sulgen fahren.*

■ **ÖPNV:** *In Schiltach Bahnhof in den Bus Linie 7478 Richtung Rottweil steigen und bis Haltestelle »HAU Schramberg« fahren.*

■ **Kontakt:** *Tel. (0 74 22) 2 93 00, www.auto-und-uhrenwelt.de*

Kuckuck im großen Haus

Weltgrößte Kuckucksuhr

Zu jeder halben und vollen Stunde erscheint der Kuckuck.

Die Stadt Triberg kann sich mit Superlativen schmücken. Da sind zum einen die höchsten Wasserfälle Deutschlands (➜ siehe Tipp 23) und zum anderen gibt es die **größte Kuckucksuhr der Welt** zu bestaunen. Da sollte sich eine Reise nach Triberg doch auf alle Fälle lohnen. Genau genommen befindet sich die Riesenuhr innerhalb des Eble Uhrenparks.

Sie reiht sich optisch nahtlos in eine Häuserfassade aus typischen Schwarzwaldhäuschen ein – nur mit dem Unterschied, dass ein überdimensional großes Ziffernblatt die Vorderfront ziert und zu jeder halben und vollen Stunde ein Kuckuck erscheint.

Fünf Jahre hat es gedauert, diese Uhr, die die Dimension eines kleinen Wohnhauses hat, zu erbauen. Fertiggestellt wurde sie 1994, sie ist also noch eine recht junge Vertreterin ihrer Art. Sie ist im Maßstab 60 : 1 errichtet, ihr

■ **Wie ein Uhrwerk funktioniert, erklärt Uhrträger Johann.**

Uhrwerk ist 4,5 m hoch und ebenso breit und genauso lang ist auch der Kuckuck, der stolze 150 kg auf die Waage bringt.

Von außen kann man nur die Uhr an sich bewundern und auf den Kuckuck warten, dessen halbstündlichen Rufe man sich aber vor allem in Anbetracht seiner Größe spektakulärer vorstellt (letzter Kuckucksruf 19.30 Uhr). Aber man kann die Kuckucksuhr auch von innen begehen und das hochkomplexe Uhrwerk mit seinem 8 m langen Pendel aus nächster Nähe betrachten (kostet zwei Euro Eintritt für Kinder ab 10 Jahre und Erwachsene).

Sehr schön ist an diesem Beispiel die Funktionsweise einer Uhr nachvollziehbar – es scheint schier unmöglich, dass mit dieser vielschichtigen Technik etwas so zwingend Präzises wie eine Uhrzeit anzugeben möglich ist. **»Uhrenträger Johann«** erklärt den Besuchern nach Einwurf eines Euros das Uhrwerk in vier möglichen Sprachen. Nach dem Besuch des Uhrwerks, das man auch von einer Empore aus von oben betrachten kann, wird man durch den Uhrenpark wieder nach draußen geleitet. Dort erschlägt einen das Angebot an unterschiedlichen Schwarzwalduhren nahezu.

■ **Lage:** *Schonachbach 27, 78098 Triberg.*
■ **Öffnungszeiten:** *Außenbereich jederzeit, Uhrwerk: Ostern bis Ende Oktober Montag bis Samstag 9 bis 18 Uhr, Sonntag 10 bis 18 Uhr, Winter 9 bis 17.30 Uhr bzw. 10.30 bis 17 Uhr.*
■ **Eintrittspreise:** *Besichtigung des Uhrwerks: Kinder (ab 10 Jahre) und Erwachsene € 2.*
■ **Anfahrt:** *Über die B 33 durchs Kinzigtal, über Hausach, Gutach und Hornberg Richtung Triberg. Der Uhrenpark liegt direkt an der B 33.*
■ **ÖPNV:** *Ab Bahnhof Triberg mit dem Bus Linie 7274 nach Schonach.*
■ **Kontakt:** *Tel. (0 77 22) 86 64 90, www.triberg.de (Stadt Triberg).*

Schwarzwald anno dazumal

Schwarzwaldmuseum, Triberg

Wie schwer ist ein Hochzeitsschäppel? Wie kommt der Kuckuck in eine Häusleuhr und warum trägt die Tribergerin einen Zylinderhut? Die Antworten gibt das Schwarzwaldmuseum – bei einer Führung durch die Sammlung oder einem spannenden Kinderquiz. Besonders empfehlenswert sind die **kostenlosen Familienführungen**, die samstags um 10 Uhr angeboten werden.

Wie die Menschen vor vielen Jahren gelebt und gearbeitet haben, ist ja immer ein spannendes Thema. Konkret bezogen auf den Schwarzwald gibt es aber zusätzlich noch einige ganz spezielle Besonderheiten: Da spielt beispielsweise die **Schwarzwaldbahn** eine Rolle, die es ja heute noch gibt, und natürlich dreht sich auch wieder einiges um die berühmte **Schwarzwalduhr**.

Aber auch der **Wintersport** wird beleuchtet, wie er sich in früheren Zeiten ohne die vielen technischen Finessen gestaltet hat, die man heute kennt. Alte Rodelschlitten und Skier sind zu sehen – es scheint undenkbar, dass man damit rasant den Berg hinabwedeln konnte. Auch **mechanische Musikinstrumente** sind ausgestellt – welche Kinder haben sich beim Üben schwieriger Partituren daran wohl die Zähne ausgebissen? Das ist heute noch nachvollziehbar, denn manche Instrumente kann man mit Einwurf einer Münze (50 Cent oder ein Euro) sogar noch in Gang bringen.

In Verbindung mit der Geschichte des Schwarzwaldes verdienen natürlich auch die **Bergwerke,** beleuchtet zu werden. Vom Mittelalter bis zur Neuzeit wurden in vielen Gruben Silber-, Kupfer-, Zink-, Blei- und Kobalterze abgebaut. Im Schwarzwaldmuseum gibt es einen authentischen Schlenker zu dieser Thematik: In einem nachgebauten **Stollen** kann man sich einen Eindruck davon verschaffen, mit welchen einfachen Werkzeugen man die Arbeit unter Tage bewältigen musste.

Kleinere Kinder werden sich vermutlich besonders für das kleine Landschaftsmodell der Schwarz-

Kleine Uhrmacherwerkstätten waren Vorläufer der Uhrenindustrie.

waldbahn interessieren, die die Oberrheinische Tiefebene mit dem Bodensee verbindet. Im Museum kann man auch etwas über den **»Bollenhut«** lernen, die legendäre Kopfbedeckung, die mehr als alles andere typisch für den Schwarzwald ist. Wie viele Bollen hat er eigentlich? Wer weiß, vielleicht lassen sich im Schwarzwaldmuseum die Mysterien über diesen Kopfschmuck ergründen?

Lustige Drehorgeln, Spieluhren, automatische Klaviere und eine Bauernkapelle mit beweglichen, lebensgroßen Musikanten stellen Exponate dar, die Kinder vermutlich erst selten oder sogar noch gar nie gesehen haben. Alles ist liebevoll und detailgetreu nachgebildet, angefangen bei den Zimmern mit Szenen aus längst vergangenen Tagen bis hin zu den Interaktionen, mit denen vor allem die Kinder angesprochen werden. Als krönenden Abschluss präsentiert das Museum die **Narrenfiguren** aus Triberg und seinen Ortsteilen als gruselig-lebensechte Puppen. Und um den Museumsbesuch angemessen abzurunden, gibt es im Museumscafé Schwarzwälder Kirschtorte mit einer heißen Schokolade dazu ...

- **Tipp:** *Es gibt Kombikarten für Familien, in denen der Triberger Wasserfall (➜ siehe Tipp 23) inbegriffen ist.*
- **Lage:** *Wallfahrtstraße 4, 78098 Triberg.*
- **Öffnungszeiten:** *April bis September täglich 10 bis 18 Uhr, Oktober bis März Dienstag bis Sonntag 10 bis 17 Uhr.*
- **Eintrittspreise:** *Kinder (5 bis 17 Jahre) € 3, Erwachsene € 5, Familienkarte € 11.*
- **Anfahrt:** *Ab Offenburg über die B 33 durchs Kinzigtal, über Hausach, Gutach und Hornberg nach Triberg. Aus Richtung Villingen-Schwenningen über Sankt Georgen nach Triberg. Das Museum liegt in unmittelbarer Nachbarschaft zum Wasserfall.*
- **ÖPNV:** *Ab Bahnhof Triberg mit dem Bus Linie 7270 bis zur Haltestelle Triberg Marktplatz.*
- **Kontakt:** *Tel. (0 77 22) 44 34, www.schwarzwaldmuseum.de*

In Triberg wurden früher Wintersport-Meisterschaften ausgetragen.

Einmal selbst Glasbläser sein!

Dorotheenhütte Wolfach

Eine Vase für die Mama oder die Oma, ganz allein selbst geblasen, mit selbst ausgesuchten Farben und einer selbst festgelegten Form – das wäre doch mal was! In der Wolfacher Glashütte, **einer der letzten Mundglasbläsereien Baden-Württembergs**, ist das tatsächlich möglich. Man kann den Glasmachern nicht nur bei ihrer spannenden Arbeit über die Schultern schauen, sondern höchstpersönlich Hand anlegen und sich in die Nähe der 1400 Grad heißen Schmelzöfen wagen.

Unter Anleitung eines professionellen Glasmachers, der genau vorgibt, mit welcher Kraft man wann pusten muss, entsteht eine selbst kreierte Vase. Danach muss das gute Stück etwa 20 Minuten auskühlen, bevor man es zum Schleifen bringen kann. Dort werden noch die scharfen Kanten geglättet und schon ist man stolzer Besitzer einer selbstgeblasenen Vase und bekommt dafür eine Urkunde obendrein!

Das Angebot gibt es täglich von 9 bis 16.30 Uhr. Für die Vase wird ein Unkostenbeitrag von 15 Euro erhoben. Da die Aktion sehr beliebt ist, kann es auch schon einmal zu einem kleinen Wartestau kommen – was aber nicht weiter schlimm ist, denn durch das Zuschauen bei den

Gar nicht so einfach, einen Klumpen in Vasenform zu pusten!

anderen Glasbläsern erfährt man schon, wie es geht, und kann sich bezüglich Form und Farben inspirieren lassen.

Die Dorotheenhütte ist auch abgesehen von der selbständigen Vasengestaltung einen Besuch wert. Gleich im Eingangsbereich führt ein toller **Film**, der sehr kindgerecht aufgemacht ist, in die Materie ein. Er wurde einst für Galileo gedreht, einer Wissenssendung von Pro 7, und handelt von einem Redakteur, der sich auch einmal in der Herstellung eines Sektglases versuchen wollte. Das etwas windschiefe Ergebnis wird die jungen Zuschauer sicher belustigen.

Danach kann man bei einem Streifzug durchs Museum in Vitrinen und an Schautafeln die **Ge-**

schichte der Glasbläserei nachvollziehen, angefangen beim Mineral über die ersten Trinkgefäße bis hin zu den heutigen feinen und filigranen Gläsern. An manchen Stationen kann man selbst aktiv werden, z. B. an einem alten Ofen mit der Glasmacherpfeife Glasschmelze entnehmen und drehen. Hier zeigt sich schon, welches Fingerspitzengefühl ein professioneller Glasmacher braucht, damit der gedrehte Klumpen zu etwas so Feinem wie einem Weinglas werden kann.

An anderen Stationen lernt man, wie viel Holz früher nötig war, um den riesigen Ofen zu befeuern. Ein ganzer Kubikmeter davon reichte gerade einmal für ein einziges Becherglas mit einem Gewicht von 500 g! Um sich das bildlich vorzustellen, sind entsprechende Holzstapel aufgebaut. Kein Wunder, dass die Glashütte mitten im Schwarzwald angesiedelt ist, wo man diesen Rohstoff in großen Mengen zur Verfügung hat. Besonders eindrucksvoll ist es am Ende des Rundgangs, durch eine Scheibe einem Graveur beim Verschönern der Gläser zuzuschauen. Schon alleine diese Kunstfertigkeit ist unfassbar: auf einen glatten, gewölbten Körper ohne Schablonen oder sonstige Vorgaben ein Muster oder Bild zu bannen – und das einheitlich für mehrere Gläser.

Ein **Spielezimmer** mit kleinem Bällebad beschäftigt die Kleinen nach dem Museumsgang, während die Eltern im Museumsshop stöbern und sich die handgefertigten Unikate anschauen, die hier in Wolfach produziert werden.

Als krönender Abschluss wartet am Ende eine Alljahres-Weihnachtswelt auf die Besucher. In authentischem Ambiente glitzert es festlich unter einem Sternenhimmel. Das Weihnachtsdorf besteht aus liebevoll dekorierten Marktständen und Häusern, die Bäume sind mit mundgeblasenen und handdekorierten Accessoires geschmückt. Weihnachtsstimmung auch im Hochsommer – ein lustiges Erlebnis.

Die Dorotheenhütte bietet Führungen an. Sie finden montags um 11 Uhr und donnerstags sowie sonntags um 14 Uhr statt. Eine Besichtigung mit einer Führung kostet für Kinder und Erwachsene einen Euro mehr als die reine Besichtigung der Glashütte.

- **Lage:** *Glashüttenweg 4, 77709 Wolfach.*
- **Öffnungszeiten:** *Täglich 9 bis 17 Uhr (letzter Einlass 16.30 Uhr).*
- **Eintrittspreise:** *Kinder (6 bis 18 Jahre) € 3, Erwachsene € 5, Familienkarte (2 Erwachsene und bis 4 Kinder) € 12.*
- **Anfahrt:** *Über Hausach und die B 294 Richtung Wolfach fahren und der Beschilderung »Glashütte« folgen.*
- **ÖPNV:** *Ab Bahnhof Wolfach 1 km Fußweg zur Glashütte.*
- **Kontakt:** *Tel. (0 78 34) 8 39 80, www.dorotheenhuette.de*

Tuff, tuff, tuff, die Eisenbahn …

Historische Eisenbahnen im Schwarzwald

Hier macht die Eisenbahn wirklich noch »tuff, tuff«. Historische Dampfzüge und Triebwagen, Personenwagen wie aus dem Wilden Westen und Güterwagen schlängeln sich so durch die Bergwelt des Schwarzwalds, dass man meint, man steht vor einer Modellbahnanlage. Gar zu unrealistisch scheint es, dass die schnaufende Dampflok den Aufstieg auf hohe Höhen und die abenteuerlich in die Felsen gehauenen Viadukte bewerkstelligen kann. Am tollsten ist es aber natürlich, selbst Passagier in einem solch ehrwürdigen Zug zu sein. Dann kann man wie aus der Vogelperspektive den Blick über die tiefen Schluchten schweifen lassen – es ist ein bisschen wie Fliegen!

Die **Kandertalbahn**, die zwischen **Kandern** im Markgräflerland und **Haltingen** im Dreiländereck verkehrt, ist eins der Exemplare »schnaufende Dampflok«. Auf einer Fahrstrecke von 35 Minuten durch das Kandertal werden fünf Haltestellen passiert, bis die Lok im Bahnhof von Haltingen eindampft. Seit 1895 dreht die Bahn ihre Runden – sie hat also ein stolzes Alter. Aus diesem Grund ist sie auch als einzige Nebenbahn in Baden-Würt-

Die Kandertalbahn dampft zwischen Kandern und Haitingen.

temberg als Museumsbahn in Betrieb. Um diesem Charakter gerecht zu werden, bimmelt die Bahn an den Bahnübergängen, was ihr den Beinamen »Bimmelbahn« eingebracht hat.

■ **Hinweis:** *Am Bahnhof Kandern startet ein* **Planetenweg**, *den man wahlweise auf einer Strecke von 11 oder 6 km erwandern kann. Dabei durchschreitet man ein maßstabsgetreues Modell des Sonnensystems. Am Ende kann man ab dem Bahnhof Wollbach mit der Kandertalbahn zurückfahren.*
■ **Lage:** *Bahnhofstraße 15, 79400 Kandern.*
■ **Fahrzeiten:** *Jeden Sonntag von Anfang Mai bis Mitte Oktober sowie an Himmelfahrt dreimal am Tag ab 9.10 Uhr.*
■ **Fahrpreise:** *Hin- und Rückfahrt: Kinder (6 bis 16 Jahre) € 5, Erwachsene € 10, Familien € 22.*
■ **Kontakt:** *Tel. (0 76 26) 97 23 56, www.kandern.de (Tourist Information Kandern).*

Durchs herrliche **Wutachtal** führt die Strecke des Zugs mit dem lustigen Namen **»Sauschwänzlebahn«**. Die Fahrt mit diesem Dampfzug ist wohl die mit den meisten Tunnels, Viadukten und Schluchten. Dabei wird zwischen Start- und Zielbahnhof eine Höhendifferenz von 231 m überwunden. Die Bahn hieß früher Wutachtalbahn, aber wegen eines spektakulären Kreiskehrtunnels und ihres auch ansonsten kurvenreichen Verlaufs wird die Bahn »Sauschwänzlebahn« genannt.

Einmal im Jahr in den Sommerferien gibt es einen Kindertag. Dann stehen Kinderschminken, Ballonkünstler, Zauberer und eine Spielstraße auf dem Programm. Und mit im Angebot natürlich eine Fahrt mit dem Dampfzug. Den Termin kann man über die Homepage der Bahn erfahren.

■ **Hinweis:** *Am Bahnhof Blumberg-Zollhaus kann man nach der Bahnfahrt ins Blumberger Eisenbahnmuseum hineinschauen. Hier geht es um die Geschichte der Sauschwänzlebahn, die anhand entsprechender Exponate aufbereitet ist. Man kann z. B. Signale, Schilder und Uniformen aus nächster Nähe betrachten, aber auch eine Modelleisenbahnanlage ist in Aktion.*
■ **Lage:** *Bahnhofstraße 1, 78176 Blumberg.*
■ **Fahrzeiten:** *Von Anfang April bis Ende Oktober je eine Vormittags- und eine Nachmittagsfahrt; die genauen Fahrtage entnimmt man am besten dem Internet.*
■ **Fahrpreise:** *Hin- und Rückfahrt: Kinder (4 bis 16 Jahre) € 8,50, Erwachsene ab € 16 (Spartage) bis € 23,50, Familien (2 Erwachsene und bis zu 3 Kinder) ab € 39,50.*
■ **Kontakt:** *Tel. (0 77 02) 5 13 00, www.sauschwaenzlebahn.de*

Großer Bahnhof bei der Abfahrt der Sauschwänzlebahn.

Höllentalbahn – sehr vertrauenswürdig klingt der Name nicht, denn wer fährt schon gerne durch die Hölle? Dabei könnte die Landschaft, durch die man mit diesem historischen Zug fährt, nicht himmlischer sein. Sie durchquert das Höllental **von Freiburg zum Titisee** und passiert dabei den berühmten Hirschsprung, eine enge Klamm inmitten des Höllentals, die Ravennaschlucht und ihr beeindruckendes Viadukt mit über 200 m Länge (➔ siehe Tipp 20) und endet in Titisee-Neustadt. Dort gibt es eine Anschlussstrecke, die bis nach Donaueschingen führt.

Die Höllentalbahn ist die **steilste Hauptbahn-Linie der Deutschen Bahn**. Sie windet sich zwischen Freiburg und Hinterzarten von 268 m ü. N. N. auf 885 m. Die verkehrenden Bahnen sind keine Museumsbahnen, vielmehr kommen moderne Züge (Regionalbahnen) auf der elektrifizierten Strecke zum Einsatz. Das macht die Fahrt jedoch nicht weniger abenteuerlich. In den Sommermonaten und im Dezember werden jedoch zusätzlich zum regulären Zugverkehr auch Zugfahrten mit historischen Fahrzeugen angeboten.

- **Fahrzeiten:** *Täglich im Halbstundentakt zwischen Freiburg und Titisee.*
- **Fahrpreise:** *Einfache Strecke Freiburg–Titisee: Kinder (bis 14 Jahre) € 3,20, Erwachsene € 5,40; Kinder bis 14 Jahre fahren in Begleitung ihrer Eltern/Großeltern kostenlos.*
- **Kontakt:** *www.rvf.de*

Wie der Name schon sagt: Die **Dreiseenbahn** verbindet drei Seen miteinander. Es sind der **Titisee**, der **Windgfällweier** und der **Schluchsee**. Sie ist praktisch die **Anschlussverbindung** der **Höllentalbahn**. Auf dieser Strecke sind im Sommer von Ende Juli bis Anfang September und dann wieder im Dezember auch Dampfzüge der Museumsbahn unterwegs. Im Dezember ist eine Fahrt durch die zauberhafte Winterlandschaft besonders eindrucksvoll, wenn die schnaufende und pfeifende Lok durch die Schneekulisse dampft. Für die Dampftage gelten Sonderfahrpläne, die man im Internet findet. Man kann die Strecke ergänzen durch einen weiteren **Teilabschnitt** von **Titisee** nach **Löffingen**.

Die Fahrt durch den Hochschwarzwald, bei der es unter anderem an Bärental am Feldberg, dem höchstgelegenen Bahnhof der Deutschen Bahn, vorbeigeht, ist mit und ohne Dampf ein Erlebnis. Der **Zielbahnhof** ist **Seebrugg** am Schluchsee mit einem Eisenbahnmuseum, in dem man unter anderem historische Züge anschauen kann. Diese Züge waren zwischen 1945 und 1960 im Einsatz.

- **Hinweis:** *Anfang August findet am Schluchsee das* ***Seenachtsfest*** *statt. Hier ist auch jede Menge Action für Kinder im Angebot: Kinderbetreuer sind mit einem Sport- und Spielmobil vor Ort und es gibt Straßenkünstler zu sehen. Höhepunkt ist ein Musikfeuerwerk auf dem See, das für Kinder bis 16 Jahre kostenlos ist (Erwachsene bezahlen drei Euro). Um 23.15 Uhr pfeift die Dampflok zur Rückfahrt an den Titisee.*
- **Lage:** *Zielbahnhof und Museum, Seebrugg 16, 79859 Schluchsee.*
- **Fahrzeiten:** *Sommerfahrplan: Ende Juli bis Anfang September vormittags eine Fahrt von Seebrugg an den Titisee und mittags zurück nach Seebrugg (dazwischen Fahrt von Titisee nach Löffingen und zurück). Alle anderen Fahrzeiten können der Homepage entnommen werden.*
- **Fahrpreise:** *Hin- und Rückfahrt: Kinder (6 bis 14 Jahre) € 9, Erwachsene € 16, Familien (2 Erwachsene und 3 Kinder) € 36.*
- **Kontakt:** *Tel. (0 76 52) 12 06 80 01, www.3seenbahn.de (IG 3-Seenbahn e.V.).*

Bergwerke und Höhlen

Nirgendwo sonst dürfte es wohl eine so große Dichte an Höhlen und Bergwerken geben wie im Schwarzwald. Vor allem Silber, Blei und Mineralien wurden hier früher abgebaut. Heute sind viele Schächte als Besucherbergwerke zugänglich gemacht. Mit Helm und Grubenlampe, über Leitern oder mit der Grubenbahn geht es unter Tage, wo man die Anwesenheit der Bergleute noch zu spüren meint …

Auf den Spuren der Erdmännchen

Tropfsteinhöhle »Erdmannshöhle«, Hasel

Ein bisschen wirkt die Erdmannshöhle wie das unterirdische Labyrinth der Orks bei »Herr der Ringe« – nur mit dem Unterschied, dass es in Hasel freundliche Höhlenführer sind, auf die man trifft, keine furchteinflößenden und misslaunigen Monster. Die Erdmannshöhle verdankt ihren Namen einer Sage, der zufolge früher Erdmännchen und Erdweibchen hier unter Tage gehaust haben sollen. Das sollen eine Art Zwerge gewesen sein.

Das Besondere bei dieser Höhle sind die **Tropfsteine**, von denen einer als der größte und älteste Deutschlands gilt und lange Zeit sogar im »Guinness-Buch der Rekorde« zu finden war. Über 4 m ist er hoch und an seinem Fuß über 2 m dick und hunderttausende von Jahren alt. Aber auch unabhängig von diesem Rekord ist es faszinierend, die Formationen zu betrachten, die die Natur in dieser Tropfsteinhöhle hervorgebracht hat. Die Fantasie wird angeregt durch Namen wie »Turm von Babel« oder »Orgelpfeifen«. Manchmal muss man sich durch enge Gänge zwängen, wie sich das eigentlich für eine Höhlenbesichtigung auch gehört, manche Teile der Höhle sind aber auch bequem begehbar.

Im vorderen Höhlenbereich fließt ein kleines Bächlein, das unterhalb des Höhleneingangs auch ans Tageslicht kommt und in den Haselbach mündet. Hier startet die etwa

Der Eingangsbereich der Erdmannshöhle ist sehr einladend.

30 bis 40 Minuten lange Führung. Wichtig ist warme Kleidung, denn unter Tage ist es kalt, auch wenn draußen warme Sommertemperaturen herrschen. Nicht umsonst reicht die Geschichte der Erdmannshöhle bis in die Eiszeit. Das liegt etwa 125 000 Jahre zurück – seit dieser Zeit bilden sich in der Erdmannshöhle Tropfsteine. Die Höhle besteht aus zwei Etagen; die obere ist mittlerweile bereits trocken, die untere jedoch noch aktiv. Sie ist eine der ältesten Muschelkalkstein-Höhlen Deutschlands. Man kann sie auf einer Länge von 360 m besichtigen, die vermessene Länge beträgt etwa 2,2 km.

■ **Faszinierende Tropfstein-Gebilde mit fantasievollen Namen!**

■ **Hinweis:** *Wer nach der Erkundung mehr über die Höhle erfahren möchte, kann dies auf den beiden kindgerechten* **Erlebnispfaden Wehrer Erdmannsweg** *und* **Haseler Erdmannsweg** *tun. Beide sind 3,5 km lang und behandeln sowohl interessante Themen wie »Wie es die Natur geschafft hat, dass sich zwei Bäche kreuzen und jeder in seiner Richtung weiterfließt« als auch spannende Fragen wie »Weshalb könnt ihr gerade hier Hexengeld finden?«.*

■ **Lage:** *Wehrer Straße 25, 79686 Hasel.*

■ **Öffnungszeiten:** *Ab Sonntag vor Ostern bis 1. November Samstag, Sonntag und Feiertag 10 bis 17 Uhr, in den Ferien auch an Werktagen 10 bis 17 Uhr.*

■ **Eintrittspreise:** *Kinder (4 bis 18 Jahre) € 3, Erwachsene € 4,50.*

■ **Anfahrt:** *Von Lörrach beziehungsweise Schönau im Schwarzwald über Schopfheim Richtung Wehr fahren. Noch vor Wehr links nach Hasel und zur Erdmannshöhle abbiegen.*

■ **ÖPNV:** *Vom Bahnhof Schopfheim mit dem Bus Linie 7335 Richtung Bad Säckingen bis Hasel Dorfplatz fahren.*

■ **Kontakt:** *Tel. (0 77 62) 80 99 01, www.erdmannsreich.de/hoehle/hoehle.html*

Abenteuer Silbergrube

Besucherbergwerk »Segen Gottes«

Ausgerüstet wie die richtigen Bergmänner geht's unter Tage.

Einmal unter Tage sein wie Schneewittchens sieben Zwerge – das ist ein beeindruckendes Erlebnis. Im Haslacher Stadtteil Schnellingen gibt es die **ehemalige Silbergrube**, in der super spannende Führungen angeboten werden. Ein erfahrener Bergwerksführer begleitet die Interessenten eineinhalb Stunden lang durch drei der vier Abbausohlen, die für das Besucherbergwerk zugänglich sind. Dabei gibt es Anekdoten und Geschichten aus längst vergangenen Tagen aus erster Hand.

Aber auch die Entdeckungen innerhalb des Bergwerks sind ein spannendes Erlebnis. In den Schwer- und Flussspatgängen sind auch heute noch sehr schön Kristalldrusen und Stalaktiten zu bewundern. Manche Abbaustrecken innerhalb der Grube sehen aus wie Tropfsteinhöhlen.

Seit 1997 ist die Silbergrube als Besucherbergwerk in Betrieb, seit 2003 kann sie in diesem Rahmen besichtigt werden. Erste Erwähnung fand das Bergwerk bereits im 13. Jahrhundert.

Zunächst geht es über den 127 m langen Oberen Stollen. Dann erreicht man über Schächte den sogenannten Rotgüldengang und schließlich den Mittleren Stollen. Alle drei Ebenen sind durch Schächte miteinander verbunden. Über Leitern und enge Gänge geht es im Bergwerk voran, schon das ist ein Abenteuer. Man wandelt auf den Spuren von 800 Jahren Bergbau.

Wie konnte man in dieser Grube, die im 18. Jahrhundert geschlossen wurde, einst nur den ganzen Tag in solcher

Enge und Dunkelheit arbeiten? Heute sind die jungen »Bergbauarbeiter« natürlich professionell mit Grubenhelm, Lampe, Gummistiefeln und Schutzkleidung ausgestattet. Die Ausrüstung bekommt man in der Umkleide, bevor es in einem kurzen Fußmarsch zum Eingang des Bergwerks geht.

Kinder dürfen ab vier Jahren an den Führungen teilnehmen. Nach Absprache kann man auch spezielle Kinder- und/oder Familienführungen vereinbaren (Mindestbetrag pro Führung 20 Euro). Diese Termine muss man mit dem Gasthaus »Zur Blume« unter (0 78 32) 9 12 50 besprechen.

■ **Hinweis:** *Das Bergwerk wird sogar im »Badner Lied« erwähnt. Dort heißt es in der vierten Strophe: »Zu Haslach gräbt man Silbererz, bei Freiburg wächst der Wein, im Schwarzwald schöne Mädchen, ein Badner möcht' ich sein!«*

■ **Lage:** *Silberbergweg, 77716 Haslach.*

■ **Öffnungszeiten:** *Anfang April bis Ende Oktober täglich außer Montag 3 Führungen: 11, 13.30 und 15.30 Uhr; im Winter nur Gruppen, auf Anfrage.*

■ **Eintrittspreise:** *Kinder (4 bis 14 Jahre) € 3, Erwachsene € 5.*

■ **Anfahrt:** *Über die B 33 aus nördlicher beziehungsweise östlicher Richtung bis Haslach, westlich von Haslach Richtung Schnellingen fahren und dort der Beschilderung »Besucherbergwerk« folgen.*

■ **ÖPNV:** *Mit der Schwarzwaldbahn bis Bahnhof Haslach, von dort etwa 15 Minuten zu Fuß.*

■ **Kontakt:** *Tel. (0 78 32) 70 61 72, www.haslach.de (Tourist Info Haslach).*

■ **Über Leitern und enge Gänge wird die Silbergrube erforscht.**

Wie ein richtiger Bergmann

Museums-Bergwerk Schauinsland, Oberried

Von allen Bergwerken des Schwarzwalds mit ihrem umfangreichen Angebot schafft es das Museums-Bergwerk Schauinsland, einen eigenen Rekord aufzustellen: Es ist das **größte Silberbergwerk Süddeutschlands**. 800 Jahre lang wurde hier nach Silber, Blei und Zink gegraben und dabei ein 100 km langes Grubengebäude geschaffen. Und das wiederum ist auf 22 Etagen verteilt, womit das Bergwerk das größte des Schwarzwalds und der Vogesen ist. Zudem ist das Bergwerk **noch aktiv**, das heißt, Wurfschaufellader, Grubenlokomotiven und Bohrwagen sind noch in Aktion.

Das Bergwerk liegt auf Freiburgs Hausberg, dem Schauinsland. Besichtigt werden können sowohl der von Hand herausgemeißelte Stollen als auch die herausgesprengten Abbauhohlräume. Wer Bergwerksluft schnuppern möchte, muss erst einmal über Leitern absteigen – da ist Abenteuerlust gefragt! Es ist eine

Im Bergwerk lässt es sich wunderbar Geburtstag feiern!

Besonderheit unter den Bergwerken im Schwarzwald. So können die Besucher authentisch die Arbeitswelt eines Bergmannes erleben.

Noch besser gelingt dies im Rahmen einer von mehreren angebotenen Führungen. Dabei kann man sich entscheiden zwischen einer Bergwerkstour mit und einer ohne den Ab- und Aufstieg über Leitern, technikfokussierten Führungen und den Luxus-Führungen mit Blick in den größten Abbauhohlraum. Dabei sind 13 Leitern und 48 Höhenmeter zu überwinden. Für kleinere Kinder empfiehlt sich die kürzere Tour mit einer Länge von 45 Minuten. Im Gegensatz zu den anderen hat diese Führung keine Altersbeschränkung ab zwölf Jahren. Der Führungsweg ist ebenerdig.

Für die Besichtigung des Bergwerks ist warme Kleidung empfehlenswert. Es herrschen ganzjährig 10 Grad unter Tage. Die Kleidung sollte schmutzig werden dürfen. Gummistiefel oder Wanderschuhe sind sinnvoll.

Das Bergwerk ist noch aktiv – ein Fahrschaufellader im Einsatz.

Hinweis: *Besonders empfehlenswert ist die Anfahrt mit der* **Schauinslandbahn**, *so kann man zwei Attraktionen schön miteinander verbinden. Von der Bergstation sind es nur fünf Minuten zu Fuß bis zum Eingang. Bei Vorlage der Fahrkarte gibt es im Bergwerk Ermäßigung.*

Lage: *Schauinslandstraße, 79254 Oberried.*

Öffnungszeiten: *Mai und Juni sowie September und Oktober Mittwoch, Samstag, Sonn- und Feiertag siebenmal täglich, Juli und August mehrmals täglich (genauere Zeiten im Internet).*

Eintrittspreise: *45-Minuten-Führung: Kinder (4 bis 12 Jahre) € 4, Erwachsene € 6, Familien € 20, die längeren Führungen € 12 bis € 18.*

Anfahrt: *Von Kirchzarten über die L 126 (Hintertalstraße) bis zur Abzweigung des Steinwasenparks. Dieser Straße (Silberbergstraße) bis zur Abzweigung der L 124 (Schauinslandstraße) bis zum Gipfel folgen.*

ÖPNV: *Ab Kirchzarten Bahnhof mit dem Südbadenbus Linie 7215 bis zur Bergstation Schauinsland.*

Kontakt: *Tel. (07 61) 2 64 68, www.schauinsland.de*

Mit dem »Zügli« in die Grube

Besucherbergwerk »Finstergrund«

So ein Bergwerk ist ja an sich schon ein tolles Erlebnis. Wenn dann aber auch noch die Einfahrt in den Stollen mit einer richtigen **Grubenbahn** stattfindet, dann ist das kaum noch zu toppen. »Zügli« wird die lustige Bahn mit den offenen Wagen genannt, die die Besucher erst einmal etwa 1 km weit ins Bergwerk hineinbringt und dann an allen spannenden Stationen anhält, an denen man Geschichtliches zum Bergwerk hört. Dabei geht es auf Schienen durch vergleichsweise breite Stollengänge, die auf eine rege Bergbautätigkeit in der Vergangenheit hinweisen. Geführt werden die Touren meist von ehemaligen Bergleuten, die entsprechende Geschichten und Anekdoten zum Besten geben können.

Für die Schienen der Bahn müssen die Stollen recht breit sein.

Bis ins 13. Jahrhundert reicht der Bergbau in Wieden zurück und bis ins 18. Jahrhundert wurde Silber- und Bleierz gefördert. Im 20. Jahrhundert kam der Abbau von Flussspat (Fluorit) und Schwerspat (Baryt) hinzu, wofür allein 20 km Stollen mit 360 m Höhendifferenz in den Berg gesprengt wurden. 1972 wurde der Betrieb stillgelegt und zehn Jahre später das Besucherbergwerk eröffnet.

Am Bergwerksgebäude werden die Besucher zunächst einmal mit bunten Schutzhelmen ausgestattet. Man sollte gutes Schuhwerk dabei haben und bei jedem Wetter etwas Warmes zum Drüberziehen, denn im Bergwerk herrscht eine Temperatur von nur 6 Grad. Dann geht es über den untersten und neuesten Stollen in den abgebauten Gangbereich mit den übriggebliebenen Hohlräumen und anstehenden Erzresten des ehemaligen Firstenabbaus.

Die Grubenbahn »Zügli« kutschiert die Besucher durchs Bergwerk.

Besichtigt werden kann auch noch das alte Werkzeug wie beispielsweise druckluftbetriebene Bohrhämmer, mit denen die Sprenglöcher hergestellt wurden. Für die Kinder besonders faszinierend sind die verschiedenen Gesteinsarten in den Gängen und Spalten. Die Führungen finden stündlich statt, für die Führung um 16 Uhr sollte man spätestens 15 Minuten vorher da sein.

Im Anschluss an die Bergwerksfahrt kann man die **Ausstellung zur Bergwerkstechnik** und eine **Mineralienschau** besichtigen. Im »Bergwerksstüble« kann sich die ganze Familie bei Kaffee und Kuchen oder einem heißen Würstchen stärken und auch wieder aufwärmen.

- **Lage:** *79695 Wieden.*
- **Öffnungszeiten:** *Mai bis Oktober immer Samstag, Sonn- und Feiertag 10 bis 16 Uhr, von Juli bis September zusätzlich auch Mittwoch.*
- **Eintrittspreise:** *Kinder (6 bis 14 Jahre) € 4, Erwachsene € 6,50.*
- **Anfahrt:** *Das Bergwerk liegt zwischen Wieden und Utzenfeld an der L 123. Bei der Lore der Beschilderung folgend in den Wald fahren.*
- **ÖPNV:** *Von Wieden mit dem Bus Linie 7360 bis Finstergrund Utzenfeld fahren (das Besucherbergwerk hat eine eigene Haltestelle).*
- **Kontakt:** *Tel. (0 76 73) 14 56 (nur während der Öffnungszeiten) oder (0 76 73) 3 03 (Kurverwaltung Wieden), www.finstergrund.de*

Steinreich

Mineralienhalde Grube Clara

Mit Schutzbrille und Werkzeug Mineralien klopfen wie ein Profi.

Ob Kind oder Erwachsener, ob Mineralienkundler oder Laie – bei dieser Mineralienhalde haben alle die Chance, steinreich zu werden! Und das Beste ist: Man legt selbst Hand an, um dieses Ziel zu erreichen. Bestückt wird die Mineralienhalde vom Material der nahen Grube Clara, einem noch aktiven und mineralienreichen Bergwerk in Oberwolfach. Fast täglich liefern Lkw den Nachschub, Erfolgserlebnisse sind also garantiert.

Da in der Grube vor allem Schwerspat und Flussspat abgebaut wird, sind die seltenen, aber wunderschönen Mineralien wie der blaue Azurit oder der häufigere Quarz oder der Silberspat praktisch »übrig«. Hier sind nun die Mineralienfreunde gefragt, die auf der Halde die angelieferten Brocken bearbeiten und die verborgenen Schätze darin finden müssen.

Damit jeder auch weiß, wie und vor allem wonach er suchen muss, gibt's am Eingang immer eine kleine Einführungsrunde von der Pächterin Kordula Kovac. Sie erklärt verständlich, woran man einen Stein erkennt, bei dem es sich zu klopfen lohnt. Auch einen Überblick über die Gesteinsarten und Hinweise, wie man die Fundstücke zu Hause weiterversorgt, gibt es mit dazu.

Danach werden die Hobby-Geologen aufs Gelände losgelassen. Ausgerüstet mit Schutzbrillen, einem Hammer und einem Eimer (gegen Leihgebühr) darf sich jeder auf dem Berg aus Steinen austoben. Durch den häufi-

gen Wechsel der Steine hat jeder Besucher die Möglichkeit, auf eigene, neue Funde zu stoßen. So wurden bereits über 400 verschiedene Mineralien auf der Halde gefunden. Wenn eine Ladung einmal sehr reich mit besonderen Steinen gesegnet war, wird sie auch länger liegengelassen.

Was man vor Ort findet, kann man gleich waschen und bestaunen. Und natürlich mitnehmen! Jeder Sammler hat eine Freimenge, die er mit nach Hause nehmen darf – bei Kindern sind es 4 kg, bei Erwachsenen 8 kg. Mehrmengen sind natürlich möglich, müssen aber gewogen werden und kosten zusätzlich 50 Cent pro kg. Wer genug geklopft, gesucht und geschwitzt hat, kann am Ende sogar noch **Gold waschen** – nach Indianer-Art.

Für den Besuch der Halde wird empfohlen, den Kindern eine schmutzresistente Buddel- oder Matschhose und am besten auch Gummistiefel anzuziehen. Auch bei trockener Witterung ist die »Arbeit« auf der Mineralienhalde eine staubige und nicht immer saubere Angelegenheit. Am besten von zu Hause auch einen Meißel mitbringen, damit klappt das Klopfen noch ein bisschen besser.

- **Lage:** *Kirnbacher Straße 3, 77709 Wolfach.*
- **Öffnungszeiten:** *Montag bis Samstag 9 bis 17 Uhr, Anfang Juli bis Anfang September auch Sonntag von 10 bis 17 Uhr.*
- **Eintrittspreise:** *Kinder (4 bis 14 Jahre) € 5,50, Erwachsene € 12, Familienkarte (2 Erwachsene und 2 Kinder) € 23.*
- **Anfahrt:** *Vom Ortsteil Kirnbach Richtung Wolfach fahren, die Mineralienhalde folgt ca. 300 m nach dem Ortsende von Kirnbach.*
- **ÖPNV:** *Ab Bahnhof Wolfach mit dem Bus bis Haltestelle Kirnbach oder zu Fuß in etwa 15 Minuten ab Bahnhof Wolfach.*
- **Kontakt:** *Tel. (0 78 34) 86 77 72, www.mineralienhalde.de*

Ein wunderschönes Fundstück aus der Grube ist dieser Malachit.

Tief unter der Erde …

Weitere Bergwerke und Höhlen

Im Schwarzwald, vor allem in der Mitte und im Süden, wurde jahrhundertelang Silber abgebaut, teilweise auch Eisenerz, Kupfer, Blei und andere Metalle. Viele dieser Bergwerke sind heute für die Öffentlichkeit zugänglich, so die **Grube Wenzel** in **Oberwolfach**, Frohnbach 19, 77709 Oberwolfach, www.grube-wenzel.de. Es gibt 75 Minuten lange Führungen, nach Voranmeldungen auch das Angebot »Erlebnisbergwerk« mit speziellen Themen. Bei **Waldkirch** befindet sich das **Silberbergwerk Suggental**, ebenfalls ein Silberbergwerk, das aus zwei Stollen besteht, dem Sankt-Anna-Stollen und dem Sankt-Josephi-Stollen, der eine Altersbegrenzung ab zwölf Jahren hat. Die Adresse des Bergwerks ist Talstraße, 79183 Waldkirch, www.silberbergwerk-suggental.com.

Das **Schaubergwerk Teufelsgrund**, Mulden 71, 79244 **Münstertal**, www.besucherbergwerk-teufelsgrund.com, bietet als besonderes Schmankerl für Kinder eine Schatzsuche unter Tage an. In **Todtmoos** gibt es das **Schaubergwerk Hoffnungsstollen**, in dem Nickelerz abgebaut wurde. Es befindet sich in der Wehratalstraße 19, 79682 Todtmoos, www.todtmoos.de

Bergwerke üben einen besonderen Reiz auf junge Besucher aus.

Tierisch gut

Wer den Weißkopfseeadler, das Wappentier der USA, je in Aktion erlebt hat, erstarrt in Ehrfurcht. Der Greifvogel zieht seine Kreise im Rahmen einer Flugshow an der südlichen Grenze des Schwarzwaldes. Aber auch Lamas, Strauße und die ganze Palette heimischer Wildtiere warten in Zoos, Tierparks und Gehegen auf kleine und große Besucher.

Mehr als nur ein Tierpark

Mundenhof, Freiburg

Es ist eins der Highlights innerhalb von Freiburgs Stadtgebiet und mehr als nur ein Tierpark. Der Mundenhof ist eine **Verbindung von Tiergehege, Naturpädagogik und Landwirtschaft** und außerdem das **größte Tiergehege in Baden-Württemberg.** Da Raub- und Wildtiere in der Gefangenschaft nur schwierig artgerecht gehalten werden können, findet man heute vor allem die Haus- und Nutztierrassen auf dem Mundenhof.

Die einzelnen Bereiche des Tiergeheges sind bestimmten Ländern und Kontinenten zugeordnet. In »Nordamerika« beispielsweise findet man das typische Indianerpferd der Rasse Pinto oder den bulligen Bison, in »Afrika« den Strauß oder den Wasserbüffel und in »Europa« den französischen Poitou-Esel oder das flauschige Wollschwein aus Ungarn. Dazwischen sieht man auch einige exotische Vertreter der Tierwelt wie Braunbär, Erdmännchen oder Javaner-Affen. In einem Schau-Aquarium gibt es außerdem die bunte Welt der Meeresbewohner zu bestaunen.

»KonTiKi« (Kontakt Tier-Kind) ist das Stichwort für das zweite Standbein des Mundenhofs, die **Naturpä-**

■ **Kuscheln ist erlaubt, aber das Füttern der Tiere ist verboten.**

dagogik. Die Kinder werden an den Umgang mit Tieren herangeführt, sollen Verantwortung übernehmen und gleichzeitig bei der Verarbeitung von tierischen Produkten (Wolle, Eier, Milch, Honig) Tiere als Nutztiere kennenlernen. Das Angebot findet sowohl im Rahmen offener Freizeitgruppen statt als auch in Form von Streifzügen, die durch den Park, den Wald und das angrenzende Naturschutzgebiet unternommen werden. Gemeinsam werden Kräutertees hergestellt, Äpfel und Kürbisse geerntet. Ein ähnliches Programm erwartet Kinder auch in den Ferienfreizeiten, bei denen es um den Kontakt der Kinder mit der Natur und den Tieren geht.

Landwirtschaft heißt der dritte Themenschwerpunkt im Mundenhof. Das Naturschutzgebiet »Freiburger Rieselfeld« steht hier im Mittelpunkt mit einem etwa 5 km langen Naturerlebnispfad. An 20 Stationen können Groß und Klein interaktiv die Flora und Fauna des Naturschutzgebietes erleben.

Führungen, Kamelreiten oder Planwagenfahrten vervollständigen das umfangreiche Angebot des Mundenhofs, den man überraschenderweise kostenlos besuchen darf. Nur das Parken auf dem Parkplatz ist mit fünf Euro gebührenpflichtig (die Parkscheinautomaten nehmen nur Münzen!). Damit werden der Tierpark und die darin lebenden Tiere unterstützt.

Nach so vielen Erlebnissen in freier Natur und mit den Tieren

Süßer, flauschiger Nachwuchs ist der Hit auf dem Mundenhof.

muss eine Stärkung her. In der Hofwirtschaft des Mundenhofs findet man nicht nur hausgemachte Spezialitäten, sondern auch einen überdachten Biergarten und einen großen Kinderspielplatz.

- **Lage:** *Mundenhof 37, 79111 Freiburg.*
- **Öffnungszeiten:** *Ganzjährig jederzeit zugänglich.*
- **Anfahrt:** *Vom Zubringer die Ausfahrt Freiburg-Mitte nehmen, dann über den Anschluss Lehen zum Mundenhof fahren.*
- **ÖPNV:** *Mit der Straßenbahnlinie 1 bis Haltestelle Padua-Allee, dann 30 Minuten Fußweg, mit der Linie 5 bis Haltestelle Bollerslaudenweg, von da 20 Minuten Fußweg oder mit dem Bus Linie 19, der dreimal täglich direkt zum Mundenhof fährt.*
- **Kontakt:** *Tel. (07 61) 2 01 65 80, www.mundenhof.de*

Die Tierwelt der Berge

Bergwildpark Steinwasen, Oberried 

Mit Futter aus dem Park kann man die Tiere glücklich machen.

Man könnte denken, der Wildpark würde im Vergnügungsteil des Steinwasenparks eher untergehen; dem ist aber nicht so (→ siehe Tipp 9). Der weitläufige Wildpark, der im Rahmen von Waldspaziergängen erforscht werden kann, darf sich durchaus alleine sehen lassen. **Über 30 Wildtierarten** gibt es zu beobachten. Alle Tiere leben in naturnaher Umgebung, sind aber für die Besucher dennoch gut sichtbar.

Rot-, **Dam-** und **Muffelwild**, **Stein-** und **Gemswild** sind vorherrschend, weil diese Wildarten typisch für die Region sind. Auch Murmeltiere und Luchse warten auf die Besucher. Wildschweine suhlen wohlig im Schlamm. Besonders entzückend sind die lustig gestreiften Frischlinge, die tollpatschig umhertapsen. Man möchte am liebsten zu ihnen in den Matsch steigen. Wer wirklich auf Körperfühlung mit den Tieren gehen möchte, der darf sich auf den Streichelzoo freuen. Hier kann man der bunten Tierschar – bestehend aus Ziegen, Kaninchen und Eseln – besonders nahekommen. In direkter Nachbarschaft erfreuen die Vögel in der Voliere mit ihrem bunten Gefieder das Auge des Betrachters.

Für einen Euro kann man sich am Automaten mit Futter für die Tiere eindecken und sich damit bei ihnen beliebt machen. Auch am Forellenteich kann man Fischfutter kaufen und die Fische im Teich damit füttern. Stellenweise ist das Gelände sehr steil, wie die Tiere aus den Bergen es eben auch gewohnt sind. Dann kann man es ihnen gleichtun und sich als Bergziege versuchen. Wer schafft es schneller den

Hang hinauf, der Zwei- oder der Vierbeiner? Es gibt viele schöne Sitzmöglichkeiten und schattige Abschnitte zum Verschnaufen.

Möchte man nur den Wildpark innerhalb des Steinwasenparks besuchen, zahlt man einen geringeren Eintritt als für den Gesamtpark, darf die kleineren Attraktionen jedoch trotzdem nutzen. Für die vier Highlights der Fahrgeschäfte (River Splash, Spacerunner, Gletscherblitz und Rodelbahn) besteht jedoch trotzdem die Möglichkeit, Einzelfahrten im Park nachzulösen.

- **Lage:** *Steinwasen 1, 79254 Oberried.*
- **Öffnungszeiten:** *Ende März bis Ende Juni und Anfang September bis Anfang November täglich 10 bis 16.45 Uhr, Ende Juni bis Anfang September 9 bis 17.45 Uhr.*
- **Eintrittspreise:** *Kinder (4 bis 11 Jahre) € 9, Erwachsene € 11.*
- **Anfahrt:** *Von der B 31 die Ausfahrt Sankt Peter/Stegen/Todtnau/Oberried/Kirchzarten nehmen und der Straße etwa 10 km in südliche Richtung folgen.*
- **ÖPNV:** *Am Busbahnhof Kirchzarten in den Bus Linie 7215 einsteigen. Die Haltestelle des Parks ist »Steinwasen, Oberried-St. Wilhelm«.*
- **Kontakt:** *Tel. (0 76 02) 94 46 80, www.steinwasen-park.de*

Unter Mamas kritischem Blick spielen die Kleinen im Schlamm.

Mach mal piep!

Vogelpark Steinen

Hier schwebt majestätisch ein Weißkopfseeadler durch die Lüfte, dort sind gerade Hühnerküken geschlüpft und an wieder anderer Stelle treiben Berberaffen ihren Schabernack. Der Vogelpark Steinen im tiefsten Südschwarzwald nahe der Schweizer Grenze ist Abwechslungsreichtum pur.

Es ist ein etwa zehn Hektar großer Landschaftspark mit einer Greifvogelflugschau, einer Freiflugvoliere, einer moderierten Affenfütterung und – ganz neu – einem **Vogelkundehaus**. Hier wird über die heimische Vogelwelt informiert und man erfährt, wie man Vögel erkennt. In diesem Haus schlüpfen auch die Hühnerküken, was man mit etwas Glück live sieht. Ansonsten kann man die frisch geschlüpften Knäuel beim Herumpurzeln beobachten. Das Schöne an dem neuen Haus ist, dass sich damit auch ein Besuch an regnerischen Tagen lohnt.

Highlight des Vogelparks ist mit Sicherheit die **Greifvogelflugschau**. Zu den Königen der Lüfte, die man bewundern kann, gehören Uhus, Falken, Bussarde, Geier und Adler. Nicht selten lässt der Falkner die Greifvögel erschreckend nah über die Köpfe der Gäste fliegen, sodass man den Luftzug spürt – ein

Der beeindruckende Weißkopfseeadler bei der Flugschau.

ebenso gruseliges wie einmaliges Erlebnis. Der Falkner bezieht auch sein junges Publikum aktiv in die Vorführung ein: Eins der Kinder darf assistieren und einen Falken auf der (geschützten) Hand halten. Am Ende gibt es eine Mutprobe für alle: Wer traut sich, einen Uhu zu streicheln? Die 40-minütigen Vorführungen kann man sich zweimal täglich, um 11 und 15 Uhr, anschauen.

Ein Erlebnis ist auch die **Fütterung der Berberaffen**, die zweimal täglich, um 12 und 16 Uhr, stattfindet. Während die Tierpfleger Interessantes über diese Spezies erzählen, darf man sie mit bereitgestellten Leckereien füttern.

Ungewöhnlich sind die diversen **Nachzuchten** des Vogelparks, da dies bei Tieren in Gefangenschaft keine Selbstverständlichkeit ist. Da werden Papageien von Hand großgezogen, Wanderfalken schaffen den Weg durch die Eischale ans Licht und Berberaffen und Kängurus erfreuen die Besucher ebenfalls mit ihrem tapsigen Nachwuchs. Von einem vor Jahren zusammengestellten Waldkäuze-Paar gibt es auch immer wieder Nachwuchs. Nach den Flugvorführungen darf man die entzückenden kleinen Wesen streicheln.

Den Besuch des Vogelparks kann man abrunden, indem man die Kids auf den **Spiel- und Erlebnisbereich** (beim Parkeingang) loslässt. Der Spielplatz liegt in direkter Nachbarschaft zum Berberaffen-Gehege, sodass sich Kinder und Affen im Wettklettern messen können. Die Eltern können derweil von der Besucherterrasse aus einen wachsamen Blick auf die Kletteräffchen haben.

- **Hinweis:** *Intensiv kann man die Welt der Greifvögel in einem* **»Falkner-Spezial-Programm«** *kennenlernen. Maximal vier Personen können an diesem 45-minütigen Angebot teilnehmen und unter anderem einen Greifvogel selbst fliegen lassen. Das Vergnügen ist jedoch nicht ganz günstig: 100 Euro pro Person inklusive Parkeintritt werden erhoben. Eine Anmeldung ist erforderlich.*
- **Lage:** *An der L 136, 79585 Steinen.*
- **Öffnungszeiten:** *Mitte/Ende März bis Anfang November täglich 10 bis 17 Uhr, an Feiertagen und in den Sommerferien länger.*
- **Eintrittspreise:** *Kinder (4 bis 11 Jahre) € 8, Erwachsene € 16, Familienkarte (2 Eintritte für je 2 Erwachsene und 3 Kinder bis 17 Jahre) € 89.*
- **Anfahrt:** *Über die B 317 aus westlicher beziehungsweise nördlicher Richtung bis Steinen fahren, dort Richtung Weitenau zum Vogelpark.*
- **ÖPNV:** *Mit dem Zug über Basel Badischer Bahnhof bis Steinen und dort vom Rathaus mit dem Bus Linie 7305 bis Weitenau Vogelpark.*
- **Kontakt:** *Tel. (0 76 27) 74 20, www.vogelpark-steinen.de*

Dornröschen wacht auf

Schwarzwaldzoo Waldkirch

Mit einem herzhaften Grunzen wird man im Tierpark empfangen.

Unter dem Motto »Dornröschen wacht auf« steht die Wiedereröffnung des Tierparks in Waldkirch, der nach einem tiefen Schlaf nun mit dem »Freundeskreis Schwarzwaldzoo« einen neuen Träger gefunden hat. **40 verschiedene Tierarten und insgesamt 200 Tiere** beherbergt der Zoo derzeit. Darunter sind Schweine, Lamas, Eulen und Sikahirsche, die am Hang des Berges Kandel leben und unter denen sich immer wieder auch Bambis befinden.

Ein Highlight für die jüngsten Besucher ist die **Kükenstation** am Eingang des Schwarzwaldzoos. Durch eine Glasscheibe kann man den munteren Flauschknäuelchen beim Umhertollen zuschauen. Ebenso attraktiv ist für die kleinen Gäste der **Streichelzoo,** in dem man auf Tuchfühlung mit Ziege & Co. gehen kann. Und nach dem tierischen Vergnügen gibt's am Kiosk ein Eis oder eine Runde Toben auf dem Spielplatz des Tierparks.

Wer einen Besuch im Tierpark plant, sollte sich vorab auf der Homepage über die Fütterungszeiten informieren. Dann kann man es nämlich so einrichten, dass man die

Tierpfleger bei den Fütterungen von Nasenbären, Eulen, Luchsen, Ziegen, Steinböcken, Hirschen und Frettchen begleiten kann. Neben der Möglichkeit, den Kindergeburtstag im Zoo zu feiern und dabei einen Blick hinter die Kulissen zu erhaschen, gibt es diverse naturpädagogische Gruppenangebote speziell für Kinder.

- **Hinweis:** *In direkter Nachbarschaft des Schwarzwaldzoos befinden sich eine* **Minigolfanlage**, *der* **Stadtrainsee** *mit Bootsverleih und zwischen beidem ein* **Spielplatz**. *Neben dem Zooeingang kann man sich im Biergarten der Hirschen-Brauerei bei Schnitzel und Pommes und allerhand anderen leckeren Speisen stärken.*
- **Lage:** *Am Buchenbühl 8a, 79183 Waldkirch.*
- **Öffnungszeiten:** *März und Oktober/November täglich 9 bis 17 Uhr, Anfang April bis Ende September 9 bis 18 Uhr.*
- **Eintrittspreise:** *Kinder (4 bis 16 Jahre) € 2,50, Erwachsene € 4, Familienkarte (2 Erwachsene und alle minderjährigen Kinder) € 9.*
- **Anfahrt:** *Von der Autobahn A 5 Ausfahrt 61 Freiburg-Nord nehmen und über die B 294 bis Waldkirch-West fahren oder aus Richtung Haslach/Kinzigtal über die B 294.*
- **ÖPNV:** *Vom Bahnhof Freiburg aus in 20 Minuten mit der Breisgau-S-Bahn (BSB) oder dem Südbadenbus 7206 (SBG) nach Waldkirch fahren. Dann in 10 Minuten zu Fuß zum Park. Aus östlicher Richtung ebenfalls mit der Bahn bis Freiburg fahren.*
- **Kontakt:** *Tel. (0 76 81) 89 61, www.schwarzwaldzoo.de*

Auf dem Hang des Berges Kandel sind Wildgehege verteilt.

Von Wölfen, Uhus und Adlern

Weitere Zoos und Tierparks

Wildgehege, Zoos, Tierparks – es sind und bleiben die Highlights für Kinder aller Altersstufen. Im Schwarzwald sind in allen erdenklichen Gegenden vor allem Tiergehege angesiedelt, die für die Region typische Tierarten beherbergen. Beispielsweise leben im **Tiergehege Waldmössingen** Füchse und Eichhörnchen, aber auch Ziegen, Schweine, Rinder, Esel und Pferde. Daneben gibt es einen Streichelzoo mit Hasen und Katzen. Das Gehege befindet sich beim Sportgelände in 78713 Schramberg-Waldmössingen, www.erlebnis-bauernhof.de. Engen Kontakt zu Fellnasen wie Ponys, Eseln und Kaninchen können Kinder im **Streichelzoo Kappel** knüpfen, Mühlenweg, 78078 **Niedereschach**, www.streichelzoo-kappel.de.

Weiter südlich kann man im **Schwarzwaldpark** nicht nur Wölfe und eine Greifvogelschau sehen, sondern es gibt auch diverse Fahrgeschäfte. Allerdings ist der Park an manchen Stellen in die Jahre gekommen. Die Adresse ist Wildpark 1, 79843 **Löffingen**, www.schwarzwaldpark.de. Noch weiter im Süden, in 79761 **Waldshut**, Mühlbergweg, www.wildgehege-waldshut.de, leben im **Wildgehege Waldshut** die Wildtiere des Schwarzwalds, außerdem Uhus, Waschbären und Zwergziegen, Nasenbären und Steinadler. Daneben gibt es Spielplätze und einen ganzjährig bewirtschafteten Kiosk.

Kaninchen gibt es in den Streichelzoos zum Knuddeln.

Wasser

Dass eine Region besonders gut ausgestattet ist mit schönen Badeseen, kommt mal vor. Dass es in einem Urlaubsgebiet attraktive Spaßbäder mit Rutschen, Wellenbecken und Strömungskanälen gibt, ist auch nicht selten. Dass beides aber zusammen auftritt – das gibt es nicht sehr oft! Im Schwarzwald aber schon – vom nagelneuen Rutschen-Eldorado am Titisee über das tolle Strandbad inklusive Bergkulisse am Schluchsee bis zum neu gestalteten Badeland direkt an der Schweizer Grenze ist alles bestens auf Wasserratten eingestellt.

Plantschen vor toller Kulisse

Terrassenbad, Lahr

Auf der einen Seite sind der Sprungturm, die 70 m lange Riesenrutsche und der Strömungskanal für die Unerschrockenen. Auf der anderen Seite der Wasserpilz, der Wasserspielplatz und das Nichtschwimmerbecken für die jüngsten Badegäste.

Auf der einen Seite ist der Südhang des **Schutterlindenberges**, an den das Bad stufenartig gebaut ist und woher auch der Name Terrassenbad stammt. Auf der anderen Seite ist die **Rheinebene**. Es ist ein **vielseitiger Wasserspaß** im Freibad Lahr, der die Kinder ganz locker einen Tag lang auf Trab halten kann, während die Eltern die unvergleichliche Atmosphäre der Umgebung genießen.

Zentrum der Anlage ist ein beheiztes 50-m-Becken. Zu den oben genannten Ausstattungsmerkmalen kommen noch ein Matschplatz, ein Beachvolleyball-Feld und eine Wasserkanone hinzu. Der Sprungturm besteht aus einem 1-, einem 3- und einem 5-m-Turm.

Mit so vielen Angeboten kann man im Terrassenbad einen erlebnisreichen Tag verbringen, der weit über das reine Badevergnügen hinausgeht. In einer Cafeteria kann man die Kleinen mit Eis und Pommes versorgen. Die Freibadsaison dauert im Terrassenbad von Mitte Mai bis Mitte September.

Der Nichtschwimmer-Bereich mit der 70-m-Riesenrutsche.

- **Lage:** *Bergstraße 126, 77933 Lahr.*
- **Öffnungszeiten:** *Täglich 9 bis 20 Uhr, Mittwoch 7 bis 8.30 Uhr (Frühbadetag).*
- **Eintrittspreise:** *Kinder (4 bis 17 Jahre) € 2, Erwachsene € 3,40 (Mittwoch 7 bis 8.30 Uhr € 2,20).*
- **Anfahrt:** *A 5 Ausfahrt 56 Lahr Richtung Flughafen/Kippenheim/ Schwanau fahren. Über die Rheinstraße, die Dinglinger Hauptstraße und die Lindenbergstraße bis zur Bergstraße fahren.*
- **ÖPNV:** *Mit der Regionalbahn bis Lahr Bahnhof fahren. Dann entweder mit dem Stadtbus oder dem Regionalbus bis Haltestelle Stadthalle. Von dort 5 Minuten zu Fuß bis zum Terrassenbad.*
- **Kontakt:** *Tel. (0 78 21) 3 99 77, www.lahr.de*

Der Größte und der Höchste

Schluchsee

Partylaune und Sommerfeeling mit Strand und Bergkulisse.

Nicht einmal 20 km sind es vom Seeufer des Titisees (➜ siehe Tipp 51) bis zum Seeufer des nächsten berühmten Sees: Der Schluchsee, ebenfalls ein Bergsee und südöstlich des kleineren Titisees gelegen, ist der größte See im ganzen Schwarzwald. Wie der Titisee war auch der Schluchsee ursprünglich ein Gletschersee und ist heute ein **Stausee**. Er ist mit seiner Lage auf einer Höhe von 930 m die höchstgelegene Talsperre Deutschlands. Am See befindet sich die gleichnamige Gemeinde Schluchsee mit den Ortsteilen **Aha** im nordwestlichen Bereich und **Seebrugg** an der 35 m hohen Staumauer. Mit dem Titisee ist der Schluchsee über die **Dreiseenbahn** (➜ siehe Tipp 36) verbunden.

Was gibt es an diesem größten Schwarzwaldsee zu tun? Der Schluchsee ist als **Badesee** beliebt, weil seine Ufer gut zugänglich sind. Allerdings ist das Wasser wegen der Höhenlage recht frisch und mitunter eine echte Herausforderung. Das Strandbad **»aquafun«** mit der 105 m langen Riesenrutsche, einem Strömungska-

Bootfahren ist eine der schönsten Aktivitäten am Schluchsee.

nal und direktem Seezugang sowie Abenteuerspielplatz und Kinderspielgelände ist wohl das unbestrittene Highlight für den Nachwuchs (→ siehe Tipp 50). Natürlich kann man alle gängigen Arten von Booten mieten oder Seerundfahrten auf dem **Ausflugsschiff »St. Nikolaus«** unternehmen.

Ansonsten stehen Wandern und Radfahren auf dem Programm. Der **Seerundweg** ist zwar mit 18 km nicht gerade ein Spaziergang, man kann ihn aber in beliebiger Länge begehen beziehungsweise den See mit dem Drahtesel umrunden. Der Weg ist abwechslungsreich und beinhaltet die Staumauer, Wegstücke durch den Wald, es geht über Bäche und vorbei an Hütten und nicht zuletzt gibt es diverse Einkehrmöglichkeiten. Die Spielplätze rund um den See versüßen den Ausflug zusätzlich.

Wer es mit Kleinkindern erst einmal gemächlicher angehen möchte, kann sich auf den **Waldlehrpfad »Kohlgrube«** begeben. Dort geht es um das Thema »Wald«, wobei die ganze Familie interaktiv einbezogen wird. Bei der Tourist Information gibt es ein Begleitheft für den Weg; das macht die Tour noch spannender. Oberhalb des Parkplatzes der Schluchseehalle ist der Einstiegspunkt.

- **Hinweis:** *Besonderes Schmankerl im Winter ist eine* **Pferdeschlittenfahrt**. *Von gutmütigen Schwarzwäldern gezogen geht es durch herrliche Winterlandschaften – es ist wie im Märchen (Informationen unter www.tonis-kutschfahrten.de).*
- **Anfahrt:** *Ab Titisee über die B 500 nach Schluchsee fahren. Die Bundesstraße führt am gesamten nordöstlichen Seeufer entlang.*
- **ÖPNV:** *Mit der Dreiseenbahn ab Titisee über Feldberg-Altglashütten nach Aha, Schluchsee und Seebrugg.*
- **Kontakt:** *Tel. (0 76 52) 12 06 85 00 (Tourist Info Schluchsee), www.schluchsee.de*

Strandleben am Bergsee

aqua fun, Schluchsee

Der Wasserspaß direkt am Wasser – was kann es Schöneres geben? Das Spaßbad aqua fun ist ein Freibad, genauer genommen ein **Strandbad** direkt am Ufer des Schluchsees. In herrlicher Bergkulisse lässt es sich nicht nur vortrefflich plantschen, sondern im Erlebnisbecken, im Strömungskanal oder in der Riesenrutsche auch jede Menge Action genießen. Aber auch weitere Becken wie das Baby-Plantschbecken, das Nichtschwimmerbecken und der Strandbereich sorgen für einen abwechslungsreichen Badetag.

Die 105 m lange **Riesenrutsche** windet sich in abenteuerlicher Konstruktion in die Tiefe – mit »Landung« im Strömungskanal. Hier haben vor allem die größeren Kinder ihren Spaß. Kleinere Badegäste werden eher Wasserpilz, Sprudelkissen und Massagedüsen in Anspruch nehmen oder sich auf dem **Abenteuerspielplatz** austoben. Dort gibt es einen Kletterturm,

Das aquafun bietet an Sommertagen spektakulären Wasserspaß.

Kleines Bad oder großes Bad? Das aquafun hat auch Seezugang.

Wasser- und Sandspiele. Beachvolleyball und Fußball ergänzen das Angebot für eine kleine Auszeit vom Element Wasser.

Und wer sich gleich in den Bergsee stürzen möchte, kann auch dies tun! Es gibt einen direkten **Zugang zum Schluchsee**, in dem ein Bad noch einmal ein ganz anderes Abenteuer ist. Wer traut sich, durch den meist frischen See zum Schwimmfloß zu schwimmen und dort vom Sprungbrett in den See zu hüpfen?

Am Ende eines aufregenden Badeaufenthalts kann man dann im Restaurant des Schwimmbads auf der Sonnenterrasse eine Stärkung zu sich nehmen. Bei schlechtem Wetter gibt es die Möglichkeit, in die Fitness- und Spielräume des Schwimmbads auszuweichen.

- **Lage:** *Freiburger Straße 16, 79859 Schluchsee.*
- **Öffnungszeiten:** *Mai bis September täglich von 9 bis 19 Uhr (wetterabhängig).*
- **Eintrittspreise:** *Kinder (6 bis 16 Jahre) € 2,70, Erwachsene € 4.*
- **Anfahrt:** *Ab Titisee über die B 500 bis Schluchsee fahren. Das aqua fun befindet sich ungefähr in der Mitte des nordöstlichen Seeufers.*
- **ÖPNV:** *Mit der Dreiseenbahn ab Titisee über Feldberg-Altglashütten nach Schluchsee. Das Schwimmbad ist nur 300 m vom Bahnhof Schluchsee entfernt.*
- **Kontakt:** *Tel. (0 76 56) 77 31, www.gemeinde-schluchsee.de (Gemeinde Schluchsee).*

Ungeheuer im Bergsee

Titisee

Er gilt als schönster See im Schwarzwald und ist Vorbote des Feldbergs. Um den Titisee im Schwarzwälder Süden ranken sich viele **Sagen**. So soll er sich an der Stelle einer Stadt befinden, die versunken ist, weil die Bewohner »Brotfrevel« begingen und Laibe als Schuhe benutzten.

Diese Stadt zu suchen ist keine gute Idee. Obwohl im Schnitt nur etwa 20 m tief, gilt der See als »unermesslich tief«. Bei Messversuchen sollen warnende Stimmen aus der Tiefe ertönen: »Willst du mich messen, so will ich dich fressen.«

Dabei laden der See und die liebliche Umgebung zu allerlei Aktivitäten ein. Schwimmen ist erwünscht am **Strandbad** mit einem Schwimmerbecken (33 x 15 m), einem Kinderbecken und dem Badebereich im Bergsee mit Schwimmfloß, Rutsche und Sprungbrett. Infos: www.hochschwarzwald.de/Titisee-Neustadt/Strandbad-Titisee.

Das zweite große Wasservergnügen am Ort, das neue **Badeparadies Schwarzwald**, bietet z. B. 18 Hightech-Rutschen, eine Palmen- und eine Wellnessoase. Es liegt über 1 km entfernt vom See. Infos unter Tel. (0 76 51) 9 36 00, www.badeparadies-schwarzwald.de.

Action mit Wasser bieten auch **Bootsfahrten**. Am Nordufer kann

Idealer Platz zum Rudern und Bootfahren: der Titisee.

Das Badeparadies mit seiner futuristischen Glaskonstruktion.

man Elektromotorboote, Ruder- oder Tretboote mieten. Am lustigsten ist es mit einem Tretboot mit Rutsche. Auch mit Ausflugsschiffen kann man fahren.

Ein Abenteuer für Kinder ist die Fahrt mit der **römischen Galeere** namens »Titus«. Na ja, eine echte Galeere ist sie nicht, aber ein schmuckes Imitat. Der römische Kaiser Titus soll einmal am Titisee gewesen sein und ihm seinen Namen gegeben haben.

Auch ohne Wasser gibt es viel Abwechslung. So können Kinder an der **Bungee-Trampolin-Anlage** an der Seepromenade große Sprünge wagen. Noch Mutigere schwingen sich im **Hochseilgarten »Action Forest«** in luftige Höhen. Infos zum Abenteuerpark unter www.action-forest.de.

Vor allem für jüngere Kinder ist das **»Zäpfle-Bähnle«** ganz toll. Es fährt zur Fürsatzhöhe (1070 m), von wo man die Gegend (fast) aus der Vogelperspektive sieht. Die Bimmelbahn verkehrt täglich von 10 bis 17 Uhr alle 90 Minuten ab der Gaststätte »Pferdestall« in Titisee. Auch ein Spaziergang um den See bietet sich an.

Der Titisee ist zudem Startpunkt von Wanderungen und Ausflügen und damit ein abwechslungsreiches Urlaubsziel. Rund um den See und den Kurort Titisee-Neustadt gibt es viele, teils entlegene Bauernhöfe – wie geschaffen für den Familienurlaub.

- **Lage:** *79822 Titisee-Neustadt.*
- **Anfahrt:** *Über die B 31a und die B 31 Richtung Titisee-Neustadt fahren.*
- **ÖPNV:** *Mit dem Zug bis Bahnhof Titisee.*
- **Kontakt:** *Tel. (0 76 51) 9 80 40 (Tourist-Info Titisee-Neustadt), www.titisee-neustadt.de*

Hochmoderner Badespaß

Laguna Badeland

Schon fast in der Schweiz befindet sich dieses Paradies für Wasserratten in Weil am Rhein. Unterteilt in die Bereiche Badeland, Freibad und Sauna Parc ist für jedes Familienmitglied etwas dabei. Badeland und Freibad wurden 2011/2012 umfangreich modernisiert und empfangen die Wassermänner und -nixen nun in einem fröhlichen und ansprechenden Gewand.

Dem **Badeland** wurden im Zuge dieser Maßnahmen unter anderem ein Wellenbad, ein Strömungskanal, ein Sportbecken und zwei neue Rutschen verpasst: eine Black Hole und ein Wildwasserfluss. Im **Freibad** können ganz Mutige sich künftig auf einen imposanten Sprungturm wagen oder auf der neuen Edelstahl-Breitrutsche hinabsausen. Alle Becken des Freibads wurden neu gestaltet. Das speziell konzipierte Kinderplantschbecken erstrahlt in kräftiger Farbenvielfalt, die so richtig Laune macht.

Die verschiedenen Becken liegen inmitten einer schönen Gartenlandschaft nah beieinander. Über eine Sonnen- und Aussichtsplattform hat man das Geschehen gut im Blick und kann die Sommersonne genießen. Das Wasser der verschiedenen Becken ist mit Solarenergie beheizt – auch Schnatternasen können deshalb in dieser sonnenreichen Region mit angenehmen Badetemperaturen rechnen. In der Freibad-Gastronomie kann man schließlich wieder zu Kräften kommen.

Fröhliche Elemente im neugestalteten Kinderplantschbecken.

Während die Kinder Schwimmhäute ansetzen, können sich die Erwachsenen im **Sauna Parc »IV Jahreszeiten«** erholen. Mit allem ausgerüstet, was man für die Entspannung braucht (sogar eine Mediathek ist vorhanden!) ist das mediterran-moderne Ambiente genau das Richtige für genussvolles Saunieren. Zudem hat man die Qual der Wahl zwischen Meditations-, Alpenkräuter- und Gipfelsauna, der Salzsteinsauna oder doch lieber dem Keltenbad.

- **Lage:** *Am Wasserwerk 2, 79576 Weil am Rhein.*
- **Öffnungszeiten:** *Freibad: ab Mitte Mai Montag bis Freitag 6.30 Uhr bis 20 Uhr, Samstag, Sonn- und Feiertag 8 bis 20 Uhr; Badeland: täglich 9 bis 21 Uhr.*
- **Eintrittspreise:** *Freibad: Kinder (6 bis 17 Jahre) € 2,50, Erwachsene € 4; Badeland: Kinder (bis 5 Jahre) € 2,50, Kinder und Jugendliche (6 bis 17 Jahre) 2-Stunden-Tarif € 8, 3-Stunden-Tarif € 9,50, Tageskarte Montag bis Freitag € 11, Samstag, Sonn- und Feiertag € 12, Erwachsene 2-Stunden-Tarif € 10, 3-Stunden-Tarif € 12, Tageskarte € 15 bzw. € 16.*
- **Anfahrt:** *A 5 Ausfahrt 69 Weil am Rhein/Hüningen.*
- **ÖPNV:** *Mit dem Regionalexpress ab Freiburg bis Haltestelle Weil am Rhein, dann 15 Minuten Fußweg; mit der Regio-S-Bahn S 5 bis Haltestelle Gartenstadt, dann 5 Minuten Fußweg; oder mit dem Bus Linie 55 bis Haltestelle Laguna, dann ebenfalls 5 Minuten Fußweg.*
- **Kontakt:** *Tel. (0 76 21) 95 67 40, www.laguna-badeland.de*

Im Sportbecken des Badelands können sich Schwimmer austoben.

Pack die Badehose ein!

Weitere Schwimmbäder und Badeseen

Frei- und Hallenbäder gibt es wie den sprichwörtlichen Sand am Meer. Da macht auch der Schwarzwald keine Ausnahme. Eine auch nur annähernd flächendeckende Auflistung aller Bäder ist deshalb unmöglich. Im Folgenden soll der Fokus auf den Schwarzwälder Schwimmbädern liegen, die in irgendeiner Form besonders sind – sei es die Riesenrutsche als Merkmal, der 5-m-Sprungturm oder der Aktiv-Wasserspielplatz. Genannt werden also alle diejenigen, die man unter »Spaß- und Erlebnisbad« einsortieren kann.

Los geht's mit dem **Sport- und Familienbad »Mach blau« in Denzlingen**, Berliner Straße 53, 79211 Denzlingen, www.mach-blau-denzlingen.de. Ausgestattet sowohl mit Hallen- als auch Freibad gibt es im Außenbereich unter anderem eine Regenbogenrutsche, einen Sprungturm, einen Badestrand, eine Schaukelbucht und vieles mehr. Das Hallenbad wartet mit einem »Seepferdchen-Teich« inklusive Rutsche auf, einem bunten Plantschbecken und einem 25-m-Becken.

Ganzjährigen Badespaß in Frei- und Hallenbad bietet das **Aquarado Freizeitbad** in **Bad Krozingen**, Südring, 79189 Bad Krozingen, www.bad-krozingen.info. Im Außenbereich sorgen unter anderem eine Riesenrutsche, ein Kinder-Matsch-Spielplatz und eine Trampolinanlage für nasses Vergnügen. Nahe Freiburg, in **Kirchzarten**, kann man jede Menge Wasserspaß und Action im **Dreisambad** erleben (www.dreisambad.de). Mittelpunkt des Bades ist das Erlebnis-Nichtschwimmerbecken mit Strömungskanal, Luftblubber, Breitrutsche und Breitspeier. Außerdem vorhanden sind ein Kleinkinder-Plantschbecken, ein Sprungturm und ein großes Schwimmerbecken.

Das **Aquasol** in **Rottweil** ist ein Sole- und Freizeitbad mit einer der längsten Röhrenrutschen Süddeutschlands (120 m lang). Im Abenteuerbecken toben sich die Älteren mit Bodensprudlern und Gegenstromanlage aus, die Jüngeren spielen Kapitän im Plantschbecken. Das Aquasol ist in der Brugger Straße 11, 78628 Rottweil, Infos gibt es unter www.aquasol-rottweil.de. In **Hüfingen**, das im östlichen Schwarzwald liegt, bereitet das Hallenbad **aquari** seinen Badegästen Vergnügen. Strömungskanal und eine 52 m lange Rutsche befriedigen auch an Wintertagen den Bewegungsdrang des Nachwuchses. Informationen findet man im Internet unter www.huefingen.de.

Hurra, heute gehen wir an den See! Badespaß im Schwarzwald.

Zu guter Letzt bietet das **Freibad Lauchringen** ungehemmten Wasserspaß. Mit Riesenrutsche, Strömungskanal und einer separaten Badelandschaft für Kleinkinder kommen alle Gäste auf ihre Kosten. Die Adresse ist Lauchringer Straße 15, 79787 Lauchringen, www.lauchringen.de.

In Sachen Badeseen haben es natürlich alle Schwarzwälder Gewässer schwer gegen die beiden berühmten Bergseen Titisee und Schluchsee mit ihrem umfangreichen Angebot für Familien. Aber trotzdem können sich auch andere Seen sehen lassen. Da wäre beispielsweise der **Waldmattensee Kippenheimweiler** bei **Lahr**, Am Waldmattensee, 77933 Lahr. Sehr naturnah und idyllisch mit guter Wasserqualität und einer Liegewiese ist er ein kleines Juwel. Der Badesee ist frei zugänglich.

Kein bisschen klösterlich geht es im **Naturschwimmbad Klosterweiher** in **Sankt Georgen** zu. Im Gegenteil: Hier sind Spaß und Action garantiert mit Wassertrampolin, Matschbereich, Kletterfloß und Fußball-, Volleyball- und Beachvolleyball-Feld. Näheres erfährt man unter Tel. (0 77 24) 54 31.

Mitten in **Freiburg** und doch in freier Natur liegt der **Dietenbachsee** im Stadtteil Haslach. Klein und fein lautet hier das Motto. Die Adresse ist Dietenbachanlage, 79114 Freiburg. In 79868 **Feldberg-Altglashütten**, Am Windgfällweiher, bietet der südlich gelegene **Natursee Windgfällweiher** ein Strandbad am Fuße des Feldbergs. Das Waldschwimmbad ist von Mitte/Ende Mai bis Mitte September zugänglich. Vorhanden sind Nichtschwimmerbereich, Spielplatz und Kiosk, der Eintritt kostet für Kinder ab 6 Jahre 1,50 Euro, ab 13 Jahre zwei Euro und für Erwachsene 2,50 Euro.

In der südöstlichen Ecke des Südschwarzwaldes gibt es bei **Grafenhausen** den **Schlüchtsee**, der in einem Naturschutzgebiet am Waldrand liegt. Er bietet Kiosk, Sonnenterrasse, Umkleidekabinen und Sanitärbereich. Kinder von zehn bis 16 Jahre zahlen 50 Cent für die Nutzung der Liegewiese und der Anlage, Erwachsene 1,50 Euro. Informationen erhält man bei der Tourist Information Grafenhausen, Tel. (0 77 48) 5 20 41. Schließlich ist der **Kirnbergsee** bei **Bräunlingen** ein Natursee mit mehreren Stränden. Über dieses Kleinod im Südschwarzwald erfährt man auf der Homepage www.kirnbergsee.de mehr.

Winterfreuden

Wie wollen wir die weiße Pracht genießen? Auf Skiern, auf Kufen, mit dem Rodel oder gar mit einem Gummireifen? Es gibt nichts, was man hier nicht ausprobieren könnte! Ob die leichte Familienabfahrt oder die anspruchsvolle Piste auf einem der hohen Berge, ob mit Lift oder Schlitten-Taxi, ob Schlittschuhlaufen in einer Eishalle oder auf dem zugefrorenen Natursee – der Winterspaß im Südschwarzwald ist unbegrenzt. Und das Beste ist: Die Region ist wegen ihrer Höhenlage relativ schneesicher!

Ski und Rodel gut

Skigebiet Belchen

Bequem geht's mit Skiern, Snowboard oder Schlitten bergauf.

Glücklicherweise ist die Gondel mit den Expo-Skyliner-Kabinen ein Ganzjahresziel (➔ siehe Tipp 1). So können im Sommer nicht nur Ausflügler auf die 1356 m hoch gelegene Bergstation verfrachtet werden, sondern im Winter auch Ski- und Snowboardfahrer in die weiße Winterwelt eintauchen. Das Skigebiet ist sowohl bequem erreichbar als auch ausgesprochen familienfreundlich.

Vier Pisten mit bis zu 4,5 km Länge stehen zur Verfügung: die »Kaltwasserabfahrt«, die eher fortgeschrittene Skifahrer anspricht, der »Slalomhang«, die »Hintere Schneise« und die »Donauwellenabfahrt«. Da die Pisten alle leicht bis mittelschwer sind, sind Anfänger und Kinder gut aufgehoben. Ein großer Vorteil des Skigebiets ist, dass sich Neulinge dank des Gondeltransports erst einmal auf das richtige Gleiten im Schnee konzentrieren können und sich nicht auch noch mit dem Thema »Liftfahren« auseinandersetzen müssen.

Die Pisten führen zur Talstation der Seilbahn, sodass man gleich in die nächste Gondel einsteigen kann – und der Spaß kann direkt weitergehen! Und wer noch nie auf Brettern gestanden ist, kann bei einer der beiden Ski- und Snowboardschulen Unterricht nehmen, Tel. (0 76 22) 6 72 33 oder (0 76 73) 77 01.

Im Tal, durch das man zum Belchen fährt, gibt es unterhalb der Talstation der Belchenbahn den Skischullift Belchen Multen. Es ist ein Seillift speziell für Anfänger mit Skischule am Ort.

Natürlich muss man nicht zwingend die Skier anschnallen, um eine Fahrt auf den Gipfel zu genießen. Man kann die Schneepracht auch auf verschneiten Wanderwegen zum Gipfelkreuz erleben oder – was für die Kinder am coolsten ist – eine lange Schlitten-Abfahrt über die ehemalige Zufahrtsstraße zum Berggipfel wagen. 3,5 km geht es dann bergab, das Gefälle ist aufgrund der Länge gemächlich, die Fahrt aber umso mehr ein Erlebnis. Natürlich transportiert die Belchenbahn auch die Schlitten. Über ein Schneetelefon kann man sich unter der Nummer (0 76 73) 88 82 88 über die aktuellen Wintersport-Bedingungen informieren.

■ **Hinweis:** *Ganz neu gibt es eine Schwarzwald-Saisonkarte mit dem Liftverbund Feldberg (➜ siehe Tipp 57). Sie kostet für Erwachsene 300 Euro, für Kleinkinder 36 Euro und für Kinder je nach Jahrgang zwischen 105 und 145 Euro.*

■ **Lage:** *Obermulten 5, 79677 Aitern (Talstation).*

■ **Öffnungszeiten:** *Täglich 9.15 bis 17 Uhr.*

■ **Fahrpreise:** *Tageskarte Kinder (6 bis 17 Jahre) € 13, Erwachsene € 23, Familienkarte (2 Erwachsene mit eigenen Kindern bis 17 Jahre) € 53 (Preise für Halbtages- und Zeitkarten siehe Homepage der Belchenbahn).*

■ **Anfahrt:** *Von Staufen-Münstertal über die Passhöhe Wiedener Eck fahren und von dort der Beschilderung »Belchen-Seilbahn« folgen. Es gibt nur diese eine Zufahrt (Sackgasse).*

■ **ÖPNV:** *Vom Bahnhof Münstertal mit dem Bus Linie 291 bis zur Talstation der Belchenbahn fahren.*

■ **Kontakt:** *Tel. (0 76 73) 88 82 80, www.belchen-seilbahn.de*

■ **Ein herrliches Skigebiet für Anfänger und Fortgeschrittene.**

Ausgefuchst

Todtnau

Den Begriff »kinderfreundlich« kann man auf die verschiedensten Arten auslegen. Ganz besonders konkret wird er jedoch von der Bergwelt Südschwarzwald definiert: Skilifte, Skischulen, Skiverleih und Skikioske haben sich zusammengetan, um sich auf die Bedürfnisse der Kinder einzustellen. Sei es die besonders familienfreundliche Skipiste, die von oben bis unten einsehbar ist, oder die einfache Abfahrt für jüngere Skihasen, die als solche gekennzeichnet ist. Das Personal hilft bei den speziellen Kinderlifts beim Ein- und Aussteigen, die Kinder tragen Signalwesten, die kostenlos ausgegeben werden. An den kinderfreundlichen Kiosken gibt es eine Extra-Portion Ketchup, leckeren Kinderpunsch und Spielflächen, der Skiverleih ist auf Minis eingestellt.

»Früh übt sich ...« – in Todtnau sind die Kids am Start!

Ein **Fuchs** im Ski-Outfit auf Skiern kennzeichnet all die speziellen Angebote, sodass man auf einen Blick erkennen kann, welches einfache Abfahrten und Skirouten sind, wo es Kinderspeisekarten gibt und welche Häuser kinderfreundliche Übernachtungen bieten.

Und das sind die kinderfreundlichen **Skilifte** im Verbund Bergwelt Südschwarzwald: Die Belchen-Seilbahn, Obermulten 5, 79677 Aitern (➜ siehe Tipp 1), der Skilift Herrenschwand in der Dorfstraße, 79674 Herrenschwand, die beiden Skilifte in Todtnauberg, nämlich der Bucklift in der Allee 8, 79674 Todtnauberg, und der Stübenwasenlift im Stübenbachweg 1, 79674 Todtnauberg, und der »Zauberteppich«, ein 100 m langes Förderband am Buck – Schlitten mühsam den Hang hinaufziehen gehört damit der Vergangenheit an! Besonderes Schmankerl ist die **Zwergen-Waldbahn** für die jüngsten Skihasen: Die sanfte Abfahrt durch den Winterwald wird von lustigen Zwergen, Waldtieren und einer kleinen Geschichte begleitet.

Zum Skigebiet Todtnauberg gehören auch die beiden Schlepplifte im Skigebiet **Notschrei**, die mit leichten und mittleren Abfahrten für jeden Geschmack etwas bieten.

Winteridylle in Todtnau: Pferde und Kinder tollen im Schnee.

Auch hier ist das Winterrodeln mit dem 85 m langen Transportband zur Rodelstrecke ein reines Vergnügen.

Einige **Skischulen** sind ebenfalls ganz speziell auf Familien mit Kindern eingestellt: Die Skischule Bernauer in Muggenbrunn, Franzosenbergstraße 10, 79674 Muggenbrunn, Tel. (0 76 71) 4 93, Schubnell in Todtnauberg, Allee 8, 79674 Todtnauberg, Tel. (0 76 71) 14 33, Skischule Todtmoos, Murgtalstraße 1, 79682 Todtmoos, Tel. (0 76 74) 82 14, sowie Rees Kinderland, Freiburger Straße 52, 79674 Muggenbrunn-Notschrei, Tel. (0 76 02) 2 88.

Schließlich stehen auch einige kinderfreundliche **Einkehrmöglichkeiten** ganz unter dem Zeichen des Ferienfuchses. Der Kiosk Herrenschwand in der Dorfstraße in 79674 Herrenschwand, der Wasenliftkiosk in 79674 Muggenbrunn, Pietras Bistro am Buck, Allee 8, 79674 Todtnauberg, und Gerolds Liftstüble am Stübenwasenlift, Stübenbachweg 1, 79674 Todtnauberg.

Wer eine familienfreundliche **Übernachtung** sucht, sollte ebenfalls die Augen nach dem fuchsigen Skifahrer offen halten. In diesen Häusern wird auf die Wünsche und Bedürfnisse der jungen Gäste ein ganz besonderes Augenmerk gerichtet. Auch Sonder- und Pauschalangebote fallen in die Kategorie familienfreundliche Unterkunft. Einen Überblick erhält man auf den Seiten von www.bergwelt-suedschwarzwald.de.

- **Anfahrt:** *Von der B 31a die Ausfahrt Sankt Peter/Stegen/Todtnau/Oberried/Kirchzarten nehmen und bis zur Abzweigung auf die L 126 fahren. Dieser bis Todtnauberg folgen.*
- **ÖPNV:** *Im Bereich Todtnauberg verkehrt der Bus Linie 7215.*
- **Kontakt:** *Tel. (0 76 71) 96 96 95, www.bergwelt-suedschwarzwald.de (Bergwelt SüdschwarzwaldTourismus GmbH).*

Actionprogramm in Bernau!

Längste Rodelbahn, Skigebiete und Pistenbully

Attraktion in Bernau: das Internationale Hundeschlittenrennen.

Jeder kennt das: Man stapft mühsam mit seinem Schlitten im Schlepptau irgendeinen steilen, tief verschneiten Hang hinauf, ist dafür ewig unterwegs, nur um dann in Sekundenschnelle diesen Hang wieder hinabzusausen. Und diese Prozedur wiederholt sich an einem tauglichen Rodeltag mehr als nur einmal.

In Bernau weiß man diesem Problem Abhilfe zu schaffen: Das Hochtal mit der fast 1300 m hoch gelegenen **Krunkelbachhütte** am Herzogenhorn ist per Taxi erreichbar! Und zwar nicht mit irgendeinem Taxi, sondern mit einem **Pistenbully**. Das heißt: Die Art der Anfahrt ist ein eigenes Highlight. Eingesammelt werden die Fahrgäste an der Talstation des Skilifts Hofeck, ganz Mutige können sich mitsamt ihrem Schlitten an die Zugmaschine hängen. Aber es gibt auch die Möglichkeit, sich im Passagierkorb transportieren zu lassen. Die Krunkelbachhütte ist übrigens die höchstgelegene im Schwarzwald.

Die Fahrt mit der Pistenraupe ist allerdings nur ein Teil des ganzen Schnee-Abenteuers. Denn jetzt geht der Spaß erst richtig los auf einer Strecke von 3,5 km Schuss bergab! Dabei lässt man 371 Höhenmeter hinter sich, die Abfahrt ist also alles andere als eine Spazierfahrt. Nicht von ungefähr sprechen wir hier von der **längsten Rodelbahn im Schwarzwald**. Wer keinen eigenen Schlitten dabei hat, kann an der Krunkelbachhütte einen für vier Euro mieten. Den Schlitten kann man an der Talstation des Skilifts wieder abgeben.

In Bernau ist mit dieser lustigen Rodelfahrt der Winterspaß aber längst nicht zu Ende. Am **Hofeck** im Ortsteil Hof stehen zwei Lifte zur Verfügung, der eine 690 m, der andere 200 m lang. Anfänger und fortgeschrittene Skifahrer kommen gleichermaßen auf ihre Kosten. Auf zuverlässig präparierten Pisten kann man sich ins Skivergnügen stürzen und wenn kein Schnee liegt, kommen Schneekanonen zum Einsatz. Informationen findet man unter www.skilifthofeck.de. In Bernau-Innerlehen findet man das **Skigebiet Spitzenberg & Köpfle** mit familienfreundlichen Pisten.

Eine besondere Attraktion für Kinder ist aber mit Sicherheit das **Snowtubing**. In knallbunten Reifen geht es in Bobbahnen mit Steilwandkurven und Hügeln hinab ins Tal. Es ist ein Gefühl wie in der Achterbahn! Informationen findet man unter www.loipenzentrum.de. Zusätzliche Informationen über das Winterprogramm von Bernau im Schwarzwald gibt es im Internet unter www.bernau-schwarzwald.de.

■ **Hinweis:** *Bernau ist Austragungsort für verschiedene Turniere der* **Internationalen Schlittenhunderennen**. *Der Termin ist meist Anfang Februar und kann bei der Tourist Information Innerlehen unter Telefon (0 76 75) 16 00 30 erfragt werden.*

■ **Lage (Pistenbully):** *Hof, Skilift Hofeck, 79872 Bernau.*

■ **Fahrpreise (Pistenbully):** *Kinder (bis 12 Jahre) € 3, Erwachsene € 6, jeweils pro Person und Fahrt.*

■ **Fahrzeiten (Pistenbully):** *In den Weihnachtsferien täglich ab 11 Uhr, ansonsten Samstag, Sonn- und Feiertag ab 11 Uhr und auf Anfrage.*

■ **Anfahrt:** *Entweder über Titisee und Feldberg oder über Schluchsee und Sankt Blasien nach Bernau fahren. Aus Richtung Schönau im Schwarzwald über die L 149 nach Bernau fahren.*

■ **ÖPNV:** *Im 20 km entfernten Seebrugg am Schluchsee ist die Endstation der Dreiseenbahn. Von dort mit dem Bus nach Bernau.*

■ **Kontakt:** *Tel. (0 76 75) 3 38, www.krunkelbach.de (Krunkelbachhütte).*

■ **Die längste Rodelbahn startet an der Krunkelbachhütte.**

Sicher mit Schnee

Ski- und Rodelgebiet Feldberg

Es klingt fast zu paradiesisch, um wahr zu sein: 31 Liftanlagen, 61 Pistenkilometer mit Abfahrten in allen Schwierigkeitsstufen und dann noch die schneesichere Höhenlage – man will schon fast den Haken suchen bei solchen traumhaften Bedingungen! Der Ski- und Rodelspaß ist jedenfalls garantiert.

Die zum **Liftverbund Feldberg** gehörenden Anlagen befinden sich nicht nur am zentralen Wintersportzentrum Feldberg selbst, sondern erstrecken sich auch auf die umliegenden Skigebiete, nämlich den Belchen (➜ siehe Tipp 54), auf fünf Lifte in Todtnauberg (➜ siehe Tipp 55), das Skigebiet Altglashütten mit dem Schwarzenbachschlepplift und drei Lifte im Skigebiet Sankt Blasien-Menzenschwand.

In allen Skigebieten des Liftverbundes stehen zahlreiche Ski- und Snowboardschulen bereit für den Nachwuchs. Auch Verleihstationen für alle benötigten Winterausrüstungen sind vorhanden. Da es zu viele sind, um sie hier aufzulisten, kann man je nach Aufenthaltsort im Internet unter www.liftverbund-feldberg.de/Ski-Board/Skischulen-Skiverleih die passende aussuchen.

Auf den Feldberggipfel **Seebuck** bringt eine Sechser-Hochgeschwindigkeits-Sesselbahn die Skifahrer. Im Sommer ist es eine Seilbahn mit geschlossenen Kabinen (➜ siehe Tipp 3), im Winter werden die Kabinen gegen die Sesselbahn mit Abdeckhauben ausgetauscht. Die Schlepplifte rund um das Skigebiet werden vor allem von Anfängern genutzt beziehungsweise dienen als Verbindungslifte. Richtung Todtnauberg im **Skigebiet Fahl** führt die **Rothausbahn** als Vierer-Hochgeschwindigkeits-Sesselbahn auf einer Länge von 1,5 km ins Skivergnügen.

Wo Wintersport so großgeschrieben wird wie in der Region Feldberg, da kommt auch dem Rodeln eine besondere Bedeutung zu. Die 4,2 km lange **Rodelbahn am Feldberg** ist eine der längsten im Schwarzwald. Und wer sich jetzt entsetzt fragt, ob er den Schlitten die ganze Strecke bergauf ziehen muss: nein! Dafür gibt es schließlich **Gipfeltaxis**! Das Motorschlitten-Taxi oder der Pistenbully chauffieren die Rodler hinauf zum Feldberggipfel. Von dort geht es über die Todtnauer Hütte und den Todtnauer Hüttenweg ins Tal hinab, man kommt am Parkplatz der Fahler Skilifte heraus (Bustransfer möglich).

Rasant und am abenteuerlichsten ist die Fahrt mit dem Motorschlitten-Taxi, bei der man in einem

Lifte, Pisten und Schnee satt im Ski- und Rodelgebiet Feldberg.

der drei Gespanne hinter dem Motorschlitten auf den Gipfel gelangt. Das kostet pro Fahrt und Gespann (für sieben Personen) 30 Euro. Das Pistenbully-Taxi wird pro Fahrstunde für maximal neun Personen mit 99 Euro berechnet.

Wer sich auf kürzeren Rodelstrecken austoben will, der kann auf eine der beiden 500 m langen Rodelbahnen in **Altglashütten** oder in **Feldberg-Ort** (bei den Skipisten) ausweichen. Am Schwarzenbachlift in Altglashütten steht ein 100 m langes Förderband zur Verfügung, das den Aufstieg erleichtert, in Feldberg-Ort muss man noch tapfer den Schlitten bergauf ziehen. Beim Skiverleih Schubnell in Altglashütten sowie beim Hotel »Feldberger Hof«, der Skischule Feldberg und der Skischule Thoma kann man Schlitten mieten.

- **Hinweis:** *Mit der* **Saisonkarte Schwarzwald**, *die für den Liftverbund Feldberg gilt, kann man an 78 Liften in 24 Skigebieten im Schwarzwald fahren. Sie kostet für Erwachsene 300 Euro, für Kleinkinder 36 Euro und für Kinder je nach Jahrgang zwischen 105 und 145 Euro.*
- **Anfahrt:** *Von der B 31 auf die B 17 Richtung Basel abbiegen und dieser bis Feldberg folgen. Vor dem Ort geht es rechts ab.*
- **ÖPNV:** *Mit dem Zug bis Bahnhof Bärental. Dann mit dem Bus nach Seebuck. Von den Bahnhöfen Titisee und Bärental und von Todtnau aus fährt der Südbadenbus nach Feldberg (Haltestelle »Feldberger Hof«).*
- **Kontakt:** *Tel. (0 76 55) 80 19, www.liftverbund-feldberg.de (Liftverbund Feldberg).*

Winterfreuden in der City

Skigebiet Schauinsland

Buntes Treiben an Freiburgs Hausberg, dem Schauinsland.

So nah an der Stadt und trotzdem Winterspaß inklusive? Das geht im Skigebiet am Freiburger Hausberg Schauinsland! Das Familienskigebiet ist schneesicher, zur Not stehen aber auch Beschneiungsanlagen zur Verfügung. So kann dem ungetrübten Skivergnügen nichts im Weg stehen und die Anfahrt, vielleicht auch mal als spontane Wochenendaktivität, ist mit 20 km Entfernung von Freiburg relativ kurz.

Die **Schauinslandbahn** (→ siehe Tipp 8) bringt die Skifahrer zur Bergstation auf fast 1300 m Höhe. Oben ist dann alles möglich: Langlauf, Abfahrtsski, Winter- und Schneeschuhwandern. 300 m von der Bergstation entfernt gibt es einen 200 m langen Schlittenlift mit Rodelverleih. Über das Skigebiet Schauinslandbahn kann man sich unter www.schauinslandbahn.de oder Tel. (07 61) 4 51 17 77 informieren.

Unterhalb des Schauinsland-Gipfels und in Richtung Freiburg heißt es, sich auf der 300 m langen **Rodelbahn** am Gasthaus **»Holzschlägermatte«** auszutoben. Die Rodelstrecke ist ebenfalls per Schauinslandbahn erreichbar. Ein bisschen flacher führt vom Gipfel aus eine Strecke Richtung Horben.

Insgesamt fünf Skilifte werden von der **Skilifte Hofsgrund GmbH** betrieben. Darunter sind zwei Kinderseillifte. Außerdem die Lifte Rosshang, Poche und Rotlache sowie die Skischule Hofsgrund. Telefonische Auskünfte erhält man unter (0 76 02) 14 45. Die beiden Lifte **Haldenköpfle** bieten Abfahrten in allen Schwierigkeitsstufen, sodass jedes Familienmitglied auf seine Kosten kommt. Auch für Snowboarder sind sie gut geeignet. Mit zwei Schleppliften geht es bergauf, für Ungeübte und Neulinge steht ein Übungslift zur Verfügung. Direkt an der Piste kann man in der Skihütte »Auf der Alm« einkehren und sich stärken.

Wer im Skigebiet Schauinsland am Abend noch nicht erschöpft von den Skiern kippt, fährt einfach bei Flutlicht weiter in die Nacht hinein (täglich außer sonntags, immer bis 22 Uhr). Von Dienstag bis Freitag gibt es sogar einen abendlichen Bustransfer zwischen Freiburg und den Skiliften. Dort findet man auch eine Verleih- und Service-Station. Informationen: www.skilifte-haldenkoepfle.de oder Tel. (0 76 02) 13 62.

■ **Anfahrt:** *Von der A 5 die Ausfahrt 62 Freiburg-Stadtmitte nehmen und über die B 31a Richtung Titisee-Neustadt fahren. Dann Richtung Süden auf die L 124 über Günterstal zur Talstation der Schauinslandbahn.*

■ **ÖPNV:** *Ab Freiburg mit der Stadtbahn Linie 2 bis Endhaltestelle Günterstal fahren, dann mit dem Bus Linie 21 direkt zur Talstation. Zu den Haldenköpfle-Liften: Von Freiburg Hauptbahnhof/Busbahnhof mit dem Bus Linie 7215 Richtung Todtnau bis zur Haltestelle Haldenköpfle.*

■ **Kontakt:** *Tel. (07 61) 3 88 18 80, www.freiburg.de (Tourist Information Freiburg).*

■ **Mit Liftseilen kann man sich gut ans Liftfahren herantasten.**

Unter Sternen und Flutlicht

Hofwaldrodelbahn, Triberg

Obwohl »nur« dem Mittleren Schwarzwald zugeordnet und nicht dem nahezu alpinen Süden, hat Triberg eine Höhenlage von fast 1000 m. Das ist ein luxuriöses Niveau, das man nutzen sollte – dem trägt eine ganz besondere Spezialität Rechnung, nämlich die 1,2 km lange **Hofwaldrodelbahn**, ihres Zeichens die längste **beleuchtete Rodelbahn** im Schwarzwald. Sie befindet sich in der Nähe der Wasserfälle, der Zugang zur Bahn (und deren Ende) findet man nahe der Asklepios-Klinik in der Rohrbacher Straße.

Die Rodelbahn wird gewalzt, sobald genug Schnee liegt und die Witterung es zulässt. Dann kann man täglich bis 22 Uhr bei Flutlicht den Hang hinabbrettern. Dabei geht es auch durch den Wald, manchmal auf vereisten Flächen, was der Fahrt natürlich zusätzlichen Antrieb verschafft. Einziger Nachteil an diesem Abenteuer: Man muss den Schlitten selbst den Hang hinaufziehen, es gibt keinen Lift oder sonstige Aufstiegshilfen.

Mit dem Rodelhang ist das Wintersportangebot von Triberg dann aber auch erschöpft, weitere Mög-

Das macht Laune: Schneefreuden im Mittleren Schwarzwald.

Rasante Abfahrt auf der Hofwaldrodelbahn in Triberg.

lichkeiten finden sich jedoch in unmittelbarer Umgebung. Im nur wenige Autominuten entfernten Schönwald ist der **Dobel-Lift** (mit Halfpipe für Snowboarder!) als Anfängerlift vor allem für die jüngsten Skihasen gut geeignet. Mit einer Liftlänge von 400 m ist er nicht erschreckend lang. In der ortsansässigen **Skischule Schönwald** kann man das Metier auch von Grund auf erlernen. Der **Rößle-Lift** ist der zweite Lift in Schönwald, er ist 538 m lang.

Auch nur einen Katzensprung von Triberg entfernt sind die beiden Lifte in Schonach. Der **Lift am Rohrhardsberg** bietet eine 750 m lange Piste. Der **Lift am Winterberg** ermöglicht eine 350 m lange Abfahrt.

- **Anfahrt:** *Ab Offenburg über die B 33 durchs Kinzigtal, über Hausach, Gutach und Hornberg nach Triberg. Aus Richtung Villingen-Schwenningen über Sankt Georgen nach Triberg. Der Rodelhang liegt in unmittelbarer Nachbarschaft zum Wasserfall.*
- **ÖPNV:** *Ab Bahnhof Triberg mit dem Bus Linie 7270 bis zur Haltestelle Triberg Marktplatz.*
- **Kontakt:** *Tel. (0 77 22) 86 64 90, www.triberg.de (Tourist Information Triberg im Schwarzwaldmuseum).*

Auf Brettern und Kufen

Weitere Ski- und Rodelhänge

Mit den in den einzelnen Kapiteln genannten Skigebieten ist der Skispaß noch lange nicht erschöpft. Es gibt vor allem im Südschwarzwald unzählige weitere Liftanlagen, beispielsweise die **Bad-Lifte Eisenbach**, die ideal für Kinder und Anfänger sind. Über das Schnee- und Info-Tel. (0 76 57) 91 03 24 erfährt man Näheres. Am **»Toten Mann«**, dem Hausberg von **Oberried**, gehören zwei große Schlepplifte und ein Kinderlift zu den **Skiliften Stollenbach**. Es geht unter anderem auf 800 m Länge zur 1300 m hoch gelegenen Bergstation.

Drei Skilifte in allen Schwierigkeitsgraden für die ganze Familie stehen im **Skizentrum Thoma** in **Hinterzarten** zur Verfügung. Auskunft erhält man unter (0 76 52) 51 63. Die beiden **Kuhberglifte** in **Lenzkirch-Saig** gelten als ausgesprochene Familienlifte. Es sind zwei Schlepplifte von 300 und 400 m Länge, die direkt an der B 315 zwischen Lenzkirch und Saig liegen.

In **Schluchsee-Fischbach** bietet ein 600 m langer Schlepplift beste Voraussetzungen für Anfänger und Fortgeschrittene, ein separater Kinderlift ist vorhanden. An der Westseite des **Feldbergs** liegt in einem Hochtal das **Skizentrum Muggenbrunn**. Dort ist mit sechs Skiliften und acht ineinanderlaufenden Pisten ein vielseitiges Skierlebnis garantiert. Dasselbe gilt für die **Zwei-Täler-Skiarena** in **Münstertal-Wieden**.

Die **Skiarena Spießhorn** in **Menzenschwand** verfügt über drei Lifte, den Schwinbach-Lift, den anspruchsvollen Möslehang und den Kinderlift Rehbach. Informieren kann man sich unter (0 76 57) 92 38 11. Fünf Schlepplifte befördern Skifahrer auf Liftlängen zwischen 400 und 1300 m bergauf. Die Abfahrten sind leicht bis anspruchsvoll, der separat gelegene **Scheuermattlift** ist ideal für Anfänger. Informationen erhält man unter Tel. (0 76 73) 12 66. Die Gemeinde **Ibach** betreibt einen 300 m langen **Lift**; die Strecke ist familienfreundlich und für Anfänger geeignet.

Sowohl Anfänger als auch Fortgeschrittene werden im Mittleren Schwarzwald von den **Skiliften am Kandel**, einem der steilsten Hänge des

Kamikazemäßig über Schanzen brettern – es ist herrlich!

Schwarzwaldes, angesprochen. Der **Kaibenloch-Lift** bietet eine blaue Piste für Anfänger, Fortgeschrittene und Familien, der **Schwarzmoos-Lift** erschließt eine schwarze Piste, die als eine der anspruchsvollsten im Schwarzwald gilt (nur bei Schneehöhen ab 0,5 m befahrbar!). Informationen gibt es beim Schneetelefon (0 76 81) 2 20 99.

Auch Rodelhänge gibt es im Südschwarzwald in allen Längen, mit und ohne Komfort (Schlittenlifte oder -taxis) und für jedes Alter. Hier noch einmal eine Auswahl der Hänge, die man kennen muss und ausprobieren sollte:

In **Sankt Märgen** zieht sich die **Rodelbahn im Pfisterwald** einen alten Hohlweg hinunter, dabei geht die Fahrt durch zwei Brücken hindurch. Schlitten kann man in Sankt Märgen bei Ski Kopp und Ski Mark leihen. Die **Rodelbahn Saig-Titisee** (mit Schlittenverleih) ist über 1 km lang und überwindet 160 m Höhendifferenz. Abends ist sie bis 23 Uhr beleuchtet. Sie führt von Saig beim »Café Alpenblick« rasant bergab nach Titisee. Von dort gibt es sogar einen Rodelbus, der zurück zur Rodelbahn fährt und am Parkplatz der B 500 alle 30 Minuten von 14 bis 17 Uhr (Samstag, Sonntag und Feiertag zusätzlich 11 bis 13 Uhr) die Rodler einsammelt. Die Adresse der Rodelbahn ist Saigerhöh, 79853 Lenzkirch-Saig; Informationen unter (0 76 52) 12 06 84 01.

Rund um das Gebiet **Titisee** locken aber noch weitere Schlittenhänge: Der **Kinderschlittenhang beim Bläsihof** in Titisee (100 m lang), die etwas anspruchsvollere **Rodelbahn Waldau** (300 m lang), in **Neustadt** der Hang **»In der Färbe«**

Der neueste Hit und ein unschlagbarer Spaß ist Snowtubing.

(400 m), ebenfalls in **Neustadt** der 150 m lange Rodelhang **»Am Reichenbach«**, die **Panorama-Rodelbahn** in **Schwärzenbach**, die **Rodelbahn** in **Langenordnach** und die **Rodelbahn** in **Waldau**. Am benachbarten **Schluchsee** gibt es einen **Rodelhang beim Kinderlift**. Informationen erhält man unter Tel. (0 76 52) 12 06 85 00.

Außerdem ist Winterspaß garantiert im **Spaßpark Hochschwarzwald** (→ siehe Tipp 10) mit einer Winter-Tubingbahn, einer Zipfelbob-Piste, einem Kuhfladenrodler, Snow Bikes und einem Zauberteppich für den Bergauf-Transfer. Eine sehr schöne Abfahrt bietet der 300 m lange **Rodelhang Rothaus** in **Grafenhausen** beim Skilift Rothaus und in der Nähe des Feriendorfes. Die Tourist Information gibt unter (0 77 48) 5 20 41 Auskunft. Im südlich davon gelegenen **Ühlingen-Birkendorf** ist das Rodeln auf einer 500 m langen Bahn beim **Skilift Brendener Berg** möglich.

In **Todtnau** bietet der **Hasenhorn Coaster** nicht nur im Sommer Rodelvergnügen. Eine 3,5 km lange **Rodelbahn** wird im Winter präpariert, dann geht es mit dem Sessellift bergauf, mit dem Schlitten bergab, Schlittenverleih inklusive. In **Sankt Georgen** kann man den **Rodelhang am Oberen Schloßberg** hinabbrettern, in **Unterkirnach** gibt es die beiden **Rodelwiesen »Am Wald«** und **Ackerloch Grillschopf**.

Ganz im Süden, im südlich von Bernau gelegenen **Dachsberg-Wittenschwand**, ist die kleine **Rodelbahn** mit mäßigem Gefälle gut geeignet für die jüngsten Schlittenfahrer. Sie startet in der Nähe des Hotels »Dachsberger Hof« an der Kapellenstraße in Wittenschwand und endet an der Rathausstraße. Auch sehr familienfreundlich ist die etwa 300 m lange **Rodelbahn** in **Ibach**, die sich im Ortsteil Unteribach befindet. Auskunft erteilt die Gemeinde unter (0 76 72) 8 42. Das Besondere an der Rodelbahn **»Am Goldebühl«** in **Häusern** ist der kostenlose Schlittenverleih bei der Tourist Information, Tel. (0 76 52) 12 06 85 60, und bei »Biggi's Café« (Dienstag bis Sonntag 12 bis 18 Uhr geöffnet).

Pirouetten auf glattem Grund

Eisbahnen

Auf die Kufe, fertig, los! Ob in der Eissporthalle, auf dem Weihnachtsmarkt oder in freier Natur – ein Winter im Schwarzwald ohne Schlittschuhlaufen ist undenkbar. Möglichkeiten findet man genug, angefangen bei der **Eislaufhalle** auf dem **Messegelände Offenburg**. Dort gibt es das Komplettprogramm für Spaß auf den Kufen, vom freien Eislaufen über die Eislaufschule, Eisdisko und verschiedene Kurse wie Tanzen auf dem Eis. Die Halle öffnet ihre Pforten Ende Oktober und beendet die Wintersaison Ende Februar. Genauere Zeiten erfährt man unter www.eislaufhalleoffenburg.de.

In **Emmendingen** steht ab Ende November innerhalb des **Weihnachtsdorfes** eine 460 Quadratmeter große Open-Air-Eisbahn mit Schlittschuhverleih zur Verfügung. Auskunft erhält man von der Werbegemeinschaft Emmendingen unter Tel. (0 76 41) 93 36 99.

In **Freiburg** ist Eislaufen in der **Franz-Siegel-Halle** angesagt, in der nicht nur berühmte Eissportvereine wie der EHC Freiburg trainieren, sondern sich auch große und kleine Eiskunstläufer probieren können. Von Oktober bis April kann man seine Runden drehen, Schlittschuhe können entliehen werden. Infos gibt es unter www.ehcf.de/eislaufen.

Ebenfalls in **Freiburg** kann man aber auch unter freiem Himmel die Kufen glühen lassen. Beim **»Freiburger Winterzauber«** schlittert man in der Vorweihnachtszeit am Karlsplatz auf 300 Quadratmetern mitten in der Stadt auf der festlich geschmückten Bahn. Von Ende November bis 23. Dezember ist täglich von 12 bis 22 Uhr geöffnet. Schlittschuhe können geliehen werden. Bei der Stadt **Freiburg** kann man sich außerdem über die Freigabe des **Waldsees** für Schlittschuhläufer informieren (www.stadt-freiburg.de).

In **Triberg** verwandelt sich der etwa 3000 Quadratmeter große **Bergsee** in einen Eisweiher. Dann kann man sich beim Schlittschuhlaufen und Eisstockschießen austoben, Schlittschuhe können entliehen werden. Informationen, auch über die Freigabe des Weihers für das winterliche Vergnügen, gibt es beim Bergseestüble unter Tel. (0 77 22) 9 61 80. Ein ähnliches Abenteuer kann man im nahen **Sankt Georgen** auf der Natureisbahn am **Klosterweiher** erleben, der ebenfalls witterungsabhängig freigegeben wird. Auskunft gibt die Stadtverwaltung unter (0 77 24) 8 71 94.

Im **Eisstadion** in **Villingen-Schwenningen** spielen die »Schwenninger Wild Wings« in der zweiten

Das Schlittschuhlaufen in freier Natur ist am schönsten.

Eishockey-Bundesliga. In diesen heiligen Hallen ist auch Publikumslauf möglich. Näheres erfährt man unter www.kunsteisbahn-vs.de. Wann Eislaufen unter freiem Himmel auf dem **Salinensee** in **Bad Dürrheim** möglich ist, verrät die Kur- und Bäder GmbH unter (0 77 26) 66 62 90. Ist die Eisdecke dick genug, fällt auch der Startschuss für die Nutzung der **Eiswiese** im **Schlosspark** von **Donaueschingen**. Die aktuelle Lage kann man auf www.eisstockschuetzen-donaueschingen.de ersehen.

Idyllisch lässt es sich am **Natureisweiher** in der **Erlenbruckerstraße** in **Hinterzarten** schlittern (Tourist Information Hinterzarten-Breitnau, www.hinterzarten-breitnau.de). Auf eigens gekennzeichneten Flächen ist sogar das Eislaufen auf dem **Titisee** möglich. Außerdem gibt es in **Titisee-Neustadt** das **Hermeshofeisstadion** (mit Flutlichtschlittern), den **Eisweiher** und den **Jugendsportpark**. Die Tourist Information gibt unter (0 76 51) 93 55 60 Auskunft. Auch am **Schluchsee** gibt es eine **Natureisbahn**, über die man sich unter (0 76 56) 77 32 bei der Tourist Information erkundigen kann.

Im **Belchenland** kann man sowohl auf der **Natureisbahn** im **Stadtpark Buchenbrand** in **Schönau** als auch in **Utzenfeld** bei der **Natureisbahn** beim **Sportplatz** seine Runden drehen. Über beides informiert die Tourist Information Schönau unter (0 76 73) 91 81 30. In **Todtnauberg** ist auf dem **Natureisplatz** bei entsprechender Witterung für Freiluftvergnügen auf Kufen gesorgt, die Tourist Information Todtnauer Ferienland informiert unter (0 76 71) 96 96 90.

Im tiefen Süden gibt es in **Herrischried** wieder eine **Eissporthalle**, die Ende Oktober ihre Pforten öffnet und über die man im Internet unter www.herrischried.de/sriscms.de/freizeit/eissporthalle.html Informationen findet. Schlittschuhe gibt es im Verleih. Der Grenzort **Weil am Rhein** beschließt mit seinem wetterunabhängigen Eislaufen in der **Eissporthalle** im Freizeitcenter **»imPulsiv«** das umfangreiche Programm für alle begeisterten Eiskunstläufer. Unter www.impulsiv-weil.de kann man die Öffnungszeiten, Preise für den Schlittschuhverleih, Eintrittspreise und Sonstiges erfahren.

Feste

Kerzenlicht, Schnee, eine herrliche Bergkulisse und der Geruch nach gebrannten Mandeln und Glühwein – was kann es Schöneres geben? Die Weihnachtsmärkte im Schwarzwald sind stimmungsvoll. Ganz im Kontrast zur Schwäbisch-Alemannischen Fastnacht, bei der Hexen, Teufel und Narren das Sagen haben und überschwänglich auf Tour gehen!

Weihnacht unterm Viadukt

Weihnachtsmarkt in der Ravennaschlucht

Weihnachtliche Holzschnitzereien gibt es an den Ständen.

Das fast 40 m über der Ravennaschlucht emporragende Eisenbahn-Viadukt hat für sich schon eine magische Anziehungskraft. Wenn es aber zur Weihnachtszeit darunter nach gebrannten Mandeln und Lebkuchen duftet und alles weihnachtlich erstrahlt, dann ist das ganze Ambiente noch einmal so eindrucksvoll. Dann nämlich ist Weihnachtsmarkt in der Ravennaschlucht, der erste und einzige **»Schluchten-Weihnachtsmarkt«** Deutschlands.

Holzhütten sind unter dem Viadukt aufgebaut, in denen Schwarzwälder Spezialitäten, Kunsthandwerk und Geschenke verkauft werden. Sie sind kreisförmig um einen Pfeiler des Viadukts angeordnet, sodass in der Mitte ein Platz für die Krippe und die Tische für die Gäste entsteht. Begleitet wird die weihnachtliche Stimmung von Musik und Live-Bands.

Auch an die Kinder wird gedacht: Man kann die Ziegen in ihrem Gehege besuchen und – man glaubt es kaum – mit ihnen als Zugtiere in einem Gespann fahren! Außerdem gibt es einen **Märchenpfad**, der beleuchtet ist, und vor allem ein **Kinderprogramm** mit dem **»Kucky-Team«** im Zollhäusle. Hochschwarzwald-Feriengäste kennen die Betreuer des Teams vielleicht bereits, die dafür sorgen, dass Spiel, Spaß und Abenteuer der jungen Gäste im Urlaub nicht zu kurz kommen. Man erkennt das entsprechende Angebot an Kucky, dem Kuckucksküken.

Mit Einbruch der Dunkelheit wird die weihnachtliche Beleuchtung angeschaltet. Dann erstrahlen die Bögen des Eisenbahn-Viadukts in magischem Blau im Kontrast zu den hell erleuchteten

Buden des Weihnachtsmarkts. Eine herrliche Stimmung!

■ **Lage:** *Beim Hofgut Sternen, Höllsteig 76, 79874 Breitnau/ Hinterzarten.*

■ **Eintrittspreise:** *Kinder frei, Jugendliche (ab 16 Jahre) und Erwachsene € 3.*

■ **Öffnungszeiten:** *An den Adventswochenenden Freitag und Samstag von 15 bis 21 Uhr und Sonntag von 12 bis 19 Uhr.*

■ **Anfahrt:** *Aus Richtung Freiburg über die B 31 (Höllentalstraße) Richtung Hinterzarten, aus Richtung Titisee ebenfalls über die B 31 Richtung Kirchzarten fahren. Das Hofgut und die zahlreichen kostenlosen Parkplätze befinden sich direkt an der B 31 (die Abfahrt ist gut ausgeschildert). Freiburg ist etwa 19 km entfernt. Am Hofgut Sternen gibt es einen Pkw-Sonderparkplatz, den man für € 5 unter www.hochschwarzwald.de/ pkw-reservierung vorab reservieren kann.*

■ **ÖPNV:** *Ab Bahnhof Hinterzarten mit dem Bus Linie 7216 nach Breitnau Kirche bis zur Haltestelle »Schmiedehäusle Breitnau«. Kostenlose Shuttlebusse verkehren halbstündlich von den Bahnhöfen Himmelreich oder Hinterzarten zum Weihnachtsmarkt.*

■ **Kontakt:** *Tel. (0 76 52) 1 20 60, www.hochschwarzwald.de (Hochschwarzwald Tourismus GmbH).*

■ **Zauberhafte Weihnachtsstimmung unter dem Viadukt.**

Die Narren sind los

Rottweiler Narrensprung

Manche Städte sind für besonders originelle Dinge bekannt. So auch die Stadt Rottweil, die aufgrund ihres eigenen Alters auf eine jahrhundertealte Geschichte auch ihrer Fastnacht zurückblicken kann. **»Fasnet«** heißt die närrische Zeit hier und sie startet bereits am 6. Januar, wenn schwarzbefrackte Herren durch die Straßen ziehen und die Narrenkleider und Masken vom Staub des vergangenen Jahres befreien. Ab dem Vormittag des Fastnachtssonntages herrscht dann Ausnahmezustand in Rottweil. Dann übernehmen die Narren in der Stadt das Regiment. Am Nachmittag dieses Tages findet auch der **Kinderumzug** statt, allerdings sind die Narren da noch ohne ihre historischen Kleider unterwegs.

Narr »Biss« mit Fuchsschwanz an der Haube und Glockenriemen.

So richtig rund geht es dann am Fastnachtsmontag und -dienstag. Morgens um 8 Uhr kündigt ein Glockenschlag die **»Narrensprünge«** an. Das sind die großen Umzüge in Rottweil, die von Reitern mit der Reichsstandarte angeführt werden. Es folgen die Stadtkapelle in historischen Trachten und schließlich die Rottweiler Narren in all ihrer Pracht. Am Fastnachtsdienstag gibt es den Narrensprung gleich zweimal: einmal morgens um 8 Uhr und noch einmal mittags um 14 Uhr. Die Umzüge starten am Schwarzen Tor, führen durch die historische Innenstadt und lösen sich auf dem Friedrichsplatz wieder auf.

Die verschiedenen Masken der Rottweiler Narren sind eine Wissenschaft für sich. Eine der ältesten Masken ist die des »Federahannes«, dem aus dem Mund Hauer

Mit Hauern aus dem Mund und Federn behangen: der Federahannes.

herausragen und der als verkörperter Teufel schon recht gruselig aussieht. Damit bietet der Federahannes aber auch den furchteinflößendsten Anblick der diversen Masken. Viele Narrenkleider aus dem 19. Jahrhundert sind noch erhalten und werden bei den Umzügen getragen. Die dazugehörigen Masken sind wahre Kunstwerke und die Rottweiler Narrensprünge stellen gleichzeitig eine Reise in die Vergangenheit dar.

- **Anfahrt:** *Aus Richtung Schramberg über die B 462 nach Rottweil, aus Richtung Schömberg über die B 27 und aus Richtung Tuttlingen über die B 14.*
- **ÖPNV:** *Ab Rottweil Bahnhof mit dem Stadtbus Linie 9 oder den Linien 7444 und 7478 SBG in die Stadt fahren. Alternativ 15 Minuten zu Fuß ab dem Bahnhof.*
- **Kontakt:** *Tel. (07 41) 49 40, www.rottweil.de (Stadt Rottweil).*

Mit Gänsehautgarantie

Fackelumzug der Triberger Teufel

Für ältere und unerschrockene Kinder ist es bestimmt die gruseligste und zugleich spannendste Erfahrung des Jahres. Für jüngere Kinder und solche, die leicht zu Albträumen neigen, ist der Fackelumzug der Triberger Teufel nicht geeignet. Das gespenstische, rot schimmernde Feuer der zahlreichen Fackeln, die von den Teufeln in identischen Kostümen getragen werden, jagen jedem noch so wackeren Fastnachtsfan einen Schauer über den Rücken. Aber das Spektakel ist unbenommen schaurig-schön.

Ab 19 Uhr ziehen die diabolischen Gestalten immer am Fastnachtsdonnerstag durch die illu-

minierte Stadt. Die Anwohner am Umzugsweg stellen Teelichter in die Fenster, was zusätzlich eine stimmungsvolle Atmosphäre schafft. Nach dem Umzug gibt es einen sogenannten **Teufelstanz** bei der Einmündung der Schwendistraße in die Hauptstraße. Im Kurhaus findet für die jüngeren Generationen der Jugendteufelstanz statt.

Wieso spielen in Triberg die Teufel eine so herausragende Rolle innerhalb der Fastnacht? Lange galt die Schwäbisch-Alemannische Fastnacht als heidnisches Fest zur Winteraustreibung, heute werden die Ursprünge der Fastnacht in einem christlichen Schauspiel gesehen: Die gottgefällige Welt wird zur verkehrten Welt, in der die Teufel regieren.

Seit 1981 gibt es den nächtlichen Teufelsumzug, aber die Teufelsmaske wurde bereits Ende des 19. Jahrhunderts entwickelt. Es ist ein kupferrotes, grinsendes Gesicht mit schwarzen Hörnern, Stirnhaaren und Kinnbart. An der Maske baumelt ein Fuchsschwanz. Durch die hochgezogenen Mundwinkel blitzen weiße Zähne. Das passende Gewand ist rot mit schwarzem Zierrat und schwarzer Halskrause. Dazu tragen die Teufel zwei schwere Lederriemen mit Bronzeschellen. Die klingenden Schellen und das Klopfpeitschen machen den Umzug in der Dunkelheit noch eine kleine Spur gruseliger ...

- **Anfahrt:** *Ab Offenburg über die B 33 durchs Kinzigtal, über Hausach, Gutach und Hornberg nach Triberg. Aus Richtung Villingen-Schwenningen über Sankt Georgen nach Triberg.*
- **ÖPNV:** *Ab Bahnhof Triberg mit dem Bus Linie 7270 bis zur Haltestelle Triberg Marktplatz.*
- **Kontakt:** *Tel. (0 77 22) 7 71 75, www.narrenzunft-triberg.de*

- **Höllisch aufgepasst – die Triberger Teufel sind los!**

Märchenhafte Winterwelt

Triberger Weihnachtszauber

Weihnachtsstimmung pur an Deutschlands höchsten Wasserfällen: Für alle Sinne und jedes Alter ist die weihnachtliche Atmosphäre an den Wasserfällen ein unvergessliches Erlebnis. Besser kann man die festliche Zeit nicht verbringen als bei einer Million Lichtern, beleuchteten Buden, Sternen und weihnachtlichen Düften, die das Naturspektakel der Wasserfälle vorübergehend in eine romantische Märchenwelt verwandeln.

Deutschlands höchste Wasserfälle in magisches Licht getaucht.

Über dem Hauptzugang funkelt ein **Sternenhimmel** und durch einen 100 m langen **Lichtertunnel** schreitet man zu den Wasserfällen. Drum herum herrscht ebenfalls Weihnachtsmarkt-Stimmung. Im Weihnachtsdorf gibt es alles, was das Herz begehrt, an einer Vielzahl von Ständen mit Leckereien, Glühwein und Kinderpunsch.

Besonders eindrucksvoll ist der Blick von den Höhen des Riesenrads, von denen aus man das gesamte Weihnachtszauber-Gelände überschauen kann. Es befindet sich zwischen dem Kurhaus und dem Weihnachtsdorf. Oder wie wäre es mit einem Gang durch den **Laternenwald**? Beleuchtete Schneeflocken weisen den Weg durch den dunklen Schwarzwald bis hin zur Riesen-Weihnachtsmütze.

Fünfmal täglich »brennt« dann sogar der Wasserfall! Im Rahmen einer **Feuershow** stehen die Wasserfälle lichterloh in Flammen. Ebenfalls feurig geht es an vier Abenden ab 21 Uhr zu, wenn **Feuerwerke** den Abendhimmel erleuchten. Für Kinder ist aber auch tagsüber bestens gesorgt. Neben Karussellfahrten, einer lebensgroßen Krippe mit echten Tieren und Stockbrot gibt es im Burggarten am winterlich dekorierten Kurhaus eine

Märchenhafte Atmosphäre mit unzähligen Lichtern und Sternen.

Kinderwelt mit eigenem Showprogramm, Künstlern und spannenden Attraktionen. Eine Märchenerzählerin entführt die Kinder, es gibt eine Hüpfburg, Ponyreiten, Kinderschminken und vieles mehr. Ein Programm also, das fast so gut ist wie das Weihnachtsfest selbst!

Auf einer zweiten **Showbühne** im Weihnachtsdorf bieten Weihnachtszauber-Künstler ebenfalls ein Programm. Und in den Abendstunden heißt es aufgepasst – dann tauchen nämlich die Wichtel auf. Wer sie sind? Das wird hier natürlich nicht verraten ...

- **Öffnungszeiten:** *Jährlich vom 25. bis 30. Dezember von 14 bis 21 Uhr.*
- **Eintrittspreise:** *Kinder (9 bis 16 Jahre) € 9,50, Erwachsene € 12, Familienkarte (2 Erwachsene und 2 Kinder) € 30.*
- **Anfahrt:** *Ab Offenburg über die B 33 durchs Kinzigtal, über Hausach, Gutach und Hornberg nach Triberg. Aus Richtung Villingen-Schwenningen über Sankt Georgen nach Triberg.*
- **ÖPNV:** *Ab Bahnhof Triberg mit dem Bus Linie 7270 in die Stadt fahren. Vom Bahnhof, dem Lidl-Parkplatz und ab Schonach fahren im 15-Minuten-Takt Shuttlebusse zum Busparkplatz beim Haupteingang (bis 22.30 Uhr).*
- **Kontakt:** *Tel. (0 77 22) 96 30 50, www.triberger-weihnachtszauber.com (Festivalorganisation).*

Süßer die Glocken …

Weihnachtsmärkte

Da läuft einem doch das Wasser im Munde zusammen …

Ein Weihnachtsmarkt ist eine überaus stimmungsvolle Veranstaltung. Dies gilt umso mehr, wenn er vor der Kulisse des nicht minder stimmungsvollen Schwarzwaldes stattfindet. So gesehen ist jeder Markt dieser Art im Mittleren und Südlichen Schwarzwald ein Erlebnis. Lichter vor den dunklen Schwarzwaldtannen, besondere Orte, an denen die weihnachtlich geschmückten Buden aufgebaut sind und sich der Weihnachtsduft vermischt mit dem Tannenduft aus der Luft – für die richtige Stimmung ist gesorgt.

Im Folgenden wird eine Auswahl von Weihnachtsmärkten aufgeführt. Es sind vor allem die größeren Märkte, die nicht nur auf einen Tag oder ein Wochenende im Advent begrenzt sind, sondern die über einen längeren Zeitraum vor Weihnachten geöffnet sind. Die kurzen, aber in irgendeiner Form besonderen Märkte sind ebenfalls mit aufgelistet.

Los geht's im Mittleren Schwarzwald und zwar mit dem **Haslacher Weihnachtsmarkt**. In der historischen Fachwerk-Altstadt findet der Markt Ende November/Anfang Dezember statt und ist von 9 bis 16 Uhr geöffnet. Informationen erhält man bei der Seelsorgeeinheit Haslach unter Tel. (0 78 32) 9 13 50. Ganz in der Nähe kann man dem **Hausacher Weihnachtsmarkt** an einem Termin Anfang Dezember von 10 bis 18 Uhr einen Besuch abstatten. Veranstalter ist das Forum Hausach e. V., bei dem man telefonisch unter (0 78 31) 73 31 Auskunft erhält.

Ein Eintages-Event wenige Tage vor Heiligabend ist auch der **Kuchenmarkt** in **Wolfach**. Seinem Namen zum Trotz handelt es sich dabei um einen traditionellen Weihnachtsmarkt, dessen geschmückte Häuschen zwischen Kinzig und Hauptstraße stehen. Für Kinder sehr schön sind die lebendigen Krippentiere. Näheres erfährt man unter www.wolfach.de. Den evangelischen Kirchplatz in **Hornberg** versetzt ein traditioneller **Weihnachtsmarkt** Anfang Dezember in vorweihnachtliche Stimmung. Aktuelle Informationen unter www.hornberg.de.

Stimmungsvoll klingt schon der Name des **Waldkircher Adventsmarkts**: »Winterzauber – Weihnachten in Waldkirch«. Statt in Hütten werden hier die weihnachtlichen Produkte in Pagodenzelten auf dem Marktplatz und in der angrenzenden Innenstadt verkauft. Termin und weiteres erfährt man von der Werbegemeinschaft Waldkirch e. V. unter (0 76 81) 40 97 12.

Freiburgs historische Innenstadt ist in der Adventszeit geprägt vom **Freiburger Weihnachtsmarkt**. Das atemberaubende Ambiente tut das Seine, um die besinnliche Stimmung perfekt zu machen. Die weihnachtlichen Buden erstrecken sich über den Rathausplatz, den Kartoffelmarkt, den Unterlindenplatz und an den Adventssonntagen zusätzlich auf die Kaiser-Joseph-Straße. Man kann die ganze Adventszeit über auf den Freiburger Weihnachtsmarkt gehen, denn er öffnet Ende November und schließt erst einen Tag vor Heiligabend. Veranstalter ist die Freiburg Wirtschaft Touristik und Messe GmbH & Co. KG, bei der man auch Informationen erhalten kann: (07 61) 38 81 01.

Schon mit einem Hauch Schweizer Weihnachtsatmosphäre erstrahlt der **Weihnachtsmarkt** in **Lörrach** von Anfang bis Mitte Dezember in reichlichem Lichterglanz. Die Stadt Lörrach ist für den Markt verantwortlich und erreichbar unter (0 76 21) 41 54 39. Der **Wintermarkt Schluchsee** ist zwar kein Weihnachtsmarkt mehr, da er erst zwischen den Jahren stattfindet, aber dennoch ein schöner Markt vor winterlicher Kulisse mit Kunsthandwerk, regionalen Produkten, Feuerzauber, Eisskulpturen, Musik und Kinderprogramm. Unter www.hochschwarzwald.de erhält man Auskunft über den Markt und den Termin.

Festlich beleuchtete Buden der Weihnachtsmärkte.

Bildnachweis

(Nach Seitenzahlen)

27 Freizeitpark Hardt
28 Freizeitpark Hardt
29 Freizeitpark Funny World
30 Freizeitpark Funny World
33 Schauinslandbahn Freiburg
34 Schauinslandbahn Freiburg
37 Spaßpark Hochschwarzwald
38 Spaßpark Hochschwarzwald
43 Kinzigtäler Maislabyrinth
44 Kinzigtäler Maislabyrinth
48 Bernd Ebbmeyer
49 Bernd Ebbmeyer
50 Maisfeldlabyrinth Opfingen
51 Maisfeldlabyrinth Opfingen
71 Fastnachtsmuseum Narrenschopf
72 Fastnachtsmuseum Narrenschopf
73 Torsten Guldenschuh
77 Hotzenwald Tourist Information
78 Hotzenwald Tourist Information
79 Mineralien- und Mathematikmuseum
80 Mineralien- und Mathematikmuseum
81 Modellbahnzentrum Schluchsee
82 Modellbahnzentrum Schluchsee
87 Schwarzwaldmuseum
88 Schwarzwaldmuseum
91 Claus Linke/Kandertalbahn
93 Bernd Neugebauer
96 Gemeinde Hasel
97 Gemeinde Hasel
100 Museums-Bergwerk Schauinsland
101 Museums-Bergwerk Schauinsland
102 Besucherbergwerk Finstergrund
103 Besucherbergwerk Finstergrund
105 Kordula Kovac
108 Mundenhof
109 Mundenhof
112 Vogelpark Steinen
118 Pressestelle Stadt Lahr
119 Tourist Information Schluchsee
120 Tourist Information Schluchsee
121 Tourist Information Schluchsee
122 Tourist Information Schluchsee
124 Badeparadies Schwarzwald
125 Oliver Welte/Laguna Badeland
126 Thomas Dix/Laguna Badeland
129 Bergwelt Südschwarzwald
137 Bergwelt Südschwarzwald
140 Bergwelt Südschwarzwald
141 Bergwelt Südschwarzwald
130 Belchen-Seilbahn
131 Belchen-Seilbahn
132 Bergwelt Südschwarzwald
133 Bergwelt Südschwarzwald
134 Tourist Information Bernau im Schwarzwald
135 Krunkelbachhütte
138 Skilifte Hofsgrund
139 Alex Jung, Emmendingen/ Skilifte Haldenköpfle
147 Stadt Rottweil
150 Stadt Rottweil
151 Stadt Rottweil
148 Hochschwarzwald Tourismus GmbH
149 Hochschwarzwald Tourismus GmbH
152 Narrenzunft Triberg
154 TWZ Event GmbH
155 TWZ Event GmbH

Alle anderen Fotos: Marion Landwehr.

Die beliebten Familienausflugsführer

In Ihrer Buchhandlung

Mit Kindern unterwegs

Dietrich Hub, Coelestina Lerch
Bei Rittern und Prinzessinnen

Gerrit-Richard Ranft
Baden-Württemberg umsonst

Gerrit-Richard Ranft
Bodensee und Oberschwaben umsonst

Manfred Kittel
Im Bregenzerwald

Gerrit-Richard Ranft
Rund um Kassel

Marion Landwehr
Kurpfalz und Kraichgau

Marion Landwehr
Mannheim und Umgebung

Renate Florl
Pfalz und Pfälzerwald

Karin Harms
Entlang der Ostseeküste Mecklenburg-Vorpommerns

Susanne Krueger
Rund ums Ruhrgebiet

Renate Florl
Schwäbisch-Fränkischer Wald

Birgit Blessing
Biosphärengebiet Schwäbische Alb

Sabine Ries
Schwäbische Alb umsonst

Eva Walter
Schwäbische Alb

Gerrit-Richard Ranft
Schwarzwald umsonst

Marion Landwehr
Schwarzwald Süd und Mitte

Birgit Blessing
Im Naturpark Südschwarzwald

Heike Wiest
Sauwetterziele rund um Stuttgart

Andrea Krahl-Rhinow, Cristina Rieck, Christina Stefanou
Stuttgart und Umgebung

Gerrit-Richard Ranft
Region Stuttgart umsonst

Wandern mit dem Kinderwagen

Renate Florl
Im Schwäbisch-Fränkischen Wald

Caroline Hang
Liv Kern
Alexandra Schmider
Stuttgart

Alexander Maier
Zwischen Stuttgart und Schwarzwald

Ralph Hahn
Zwischen Stuttgart und Hohenstaufen

Jeweils 160–168 Seiten mit rund 100 Abbildungen

fleischhauer & spohn und Silberburg-Verlag

Silberburg-Ve[rlag]

www.silberburg.[de]